**Paulo Ludogero**
**Francine Pierangeli**

# DOUTRINA UMBANDISTA PARA CRIANÇAS

# AXÉ-MIRIM

Coordenação
Diamantino Fernandes Trindade

2ª ediçao
Brasil – 2016

**Coordenação editorial**
Diamantino Fernandes Trindade

**Diagramação e capa**
Richard Veiga

**Revisão**
Cláudio J. A. Rodrigues
Juliana Biggi


**ÍCONE EDITORA LTDA.**
Rua Anhanguera, 56 – Barra Funda
CEP: 01135-000 – São Paulo/SP
Fone/Fax.: (11) 3392-7771
*www.iconeeditora.com.br*
*iconevendas@iconeeditora.com.br*

# DOUTRINA UMBANDISTA PARA CRIANÇAS

# AXÉ-MIRIM

**Dados Internacionais de Catalogação na Publicação (CIP)**
**(Câmara Brasileira do Livro, SP, Brasil)**

Ludogero, Paulo Sergio
Doutrina umbandista para crianças : axé-mirim / Paulo Ludogero, Francine Pierangeli. -- 1. ed. -- São Paulo : Ícone, 2016. --(Coordenação editorial: Diamantino Fernandes Trindade)

ISBN 978-85-274-1123-3

1. Crianças - Vida religiosa 2. Umbanda (Culto) I. Pierangeli, Francine. II. Trintade, Diamantino Fernandes. III. Título.

10-05866 CDD-299.672083

Índices para catálogo sistemático:

1. Umbanda para crianças : Religiões afro-brasileiras 299.672083

# SUMÁRIO

# SOBRE OS AUTORES

**Paulo Ludogero**, nascido em São Paulo – Capital em 09/10/1969. Formou-se em Tecnologia Eletrônica pela Universidade Mackenzie. Vem de um berço umbandista e se desenvolveu mediunicamente na Tenda Espírita de Umbanda Santa Rita de Cássia comandada hoje por sua mãe carnal Maria Imaculada e seu irmão Edson Ludogero. Concluiu o curso de Doutrina, Teologia e Sacerdócio de Umbanda no Colégio de Umbanda Sagrada Pai Benedito de Aruanda no ano de 2003/2004 ministrado pelo sacerdote Rubens Saraceni. A pedido da entidade espiritual que lhe assiste, o Caboclo Flecha Certeira, em fevereiro de 2005, junto com sua esposa Cátia Ludogero inauguraram o Núcleo Umbandista e de Magia Caboclo Flecha Certeira e Pai Manuel de Arruda. Hoje, junto com sua esposa e filho, ministra cursos para divulgação da religião umbandista, participa de debates, palestras e eventos em prol da religião umbandista. Vendo que muitas crianças se identificavam com a religiao, idealizou um curso voltado para elas e em 20/03/2010 inaugurou em sua sede o Projeto Axé-Mirim, curso gratuito de doutrina umbandista para crianças.

**Francine Pierangeli** tem formação em Magistério. Nasceu em São Paulo no ano de 1977, em uma família católica que sempre a incentivou às práticas religiosas, sem sucesso. Observando seu irmão, Guilherme, que já era então médium de Umbanda, conheceu a Tenda Espírita Santa Rita de Cássia da qual seu irmão faz parte. Sem entender direito as práticas da religião e sem conhecimento teórico algum, matriculou-se no curso de Teologia de Umbanda ministrado pelo Sacerdote Paulo Ludogero no Núcleo Caboclo Flecha Certeira e Pai Manuel de Arruda. Foi então que, depois de concluído o curso, teve a certeza sobre a escolha de sua religião. Ingressou na corrente mediúnica em 04/03/2008 e desde então é membro ativo das atividades da casa. Observando a falta de informação e o preconceito contra a religião, junto com seu sacerdote, decidiu trabalhar num projeto de Doutrina infantil de Umbanda.

# AGRADECIMENTO

Agradeço à minha esposa Cátia Ludogero pela compreensão e pela preciosa ajuda no desenvolvimento do projeto e na elaboração do livro.

*Paulo Ludogero*

# PALAVRA DO EDITOR

Prezado leitor!

Em 2008 comemoramos o primeiro centenário da Umbanda. Muita coisa importante vem acontecendo no cenário umbandista nos últimos anos. O momento é propício para mudanças e muitos irmãos e irmãs de fé vêm trabalhando ativamente para essas profícuas transformações.

A Ícone Editora, que desde a sua fundação vem editando livros importantes sobre o Movimento Umbandista, traz até você uma obra ímpar. Pela primeira vez há uma preocupação séria com a doutrina das crianças na Umbanda. Essas crianças que hoje frequentam os terreiros com os seus pais serão o futuro dessa religião que abarca mais de trinta milhões de pessoas por este Brasil afora. Os autores Paulo Ludogero e Francine Pierangeli relatam e descrevem as atividades do Projeto Axé-Mirim, que vem fazendo enorme sucesso na comunidade umbandista.

Parabéns leitor amigo! Você está de posse de uma obra portentosa que, com certeza, vai trazer novas luzes aos umbandistas e simpatizantes da Umbanda.

O nosso saravá profundo!

*Diamantino Fernandes Trindade*[1]

1 Pós-Doutor em Educação pelo GEPI-PUCSP (Grupo de Estudos e Pesquisa em Interdisciplinaridade). Doutor em Educação pela PUC-SP. Doutor em Educação pela PUC-SP. Professor de Epistemologia do Ensino e História da Ciência do Instituto Federal de Educação, Ciência e Tecnologia de São Paulo de São Paulo. Pesquisador do GEPI. Sacerdote da Federação Umbandista do Grande ABC e da Cabana de Pai Benguela. Historiador da Umbanda.

# APRESENTAÇÃO

**O Núcleo Umbandista e de Magia Caboclo Flecha Certeira e Pai Manuel de Arruda** foi fundado em 4 de fevereiro de 2005. Nessa ocasião os médiuns Paulo e Cátia Ludogero, juntamente com seu filho Renan Ludogero, estavam se preparando para a incorporação do Caboclo Flecha Certeira, que, dias antes, havia avisado que faria a manifestação nesse dia por volta das 20 horas.

Com a manifestação do caboclo, foram cantados pontos da linha de pai Oxóssi e nesse dia Pai Flecha Certeira transmitia à Cátia Ludogero que havia uma missão a ser cumprida por ela e seu médium. Atônitos e felizes com a mensagem, junto com seu filho Renan Ludogero, decidiram abrir suas portas ainda que fosse na sala de sua casa, tendo que retirar todos os móveis para serem realizados, todas as últimas sextas-feiras do mês, os trabalhos espirituais.

Depois de um ano, o preto velho Pai Manuel de Arruda determina que a missão deve tomar um rumo mais contundente e que as giras aconteceriam todas as primeiras e últimas sextas-feiras do mês. Não demoraria muito para que médiuns viessem participar dos trabalhos e pedissem a entrada na corrente, fazendo com que Paulo e Cátia começassem a pensar em construir, nos fundos de sua casa, um local destinado somente aos trabalhos espirituais.

Sua sede foi inaugurada em 25/05/2007 e permanece até os dias de hoje com trabalhos espirituais todas as sextas-feiras das 19:30 às

22:30 horas. O Núcleo é voltado para a prática da caridade, desenvolvimento mediúnico, encontros, debates e cursos voltados ao esclarecimento da religião.

No ano de 2009, durante o curso aberto, não acadêmico, de Teologia e Doutrina de Umbanda, ministrado por Paulo Ludogero, crianças com menos de 10 anos, acompanhando seus pais, desejavam cursar e conhecer melhor a religião. Isso fez com que Paulo pensasse:

> *Pouco nos organizamos em trazer nossas crianças para dentro de nossos terreiros e as que já estão precisam de informações para no futuro defender nossa religião.*
>
> *Até os dias de hoje é frequente a discriminação religiosa de crianças nas escolas, onde são ofendidas e até mesmo vilipendiadas só por estarem na religião de Umbanda.*
>
> *Sendo a Umbanda uma religião brasileira, monoteísta, tendo em Olorum o nome que indica um Único Deus, nos perguntamos:*
>
> *Se a Umbanda é brasileira e sendo brasileiros ou residindo no Brasil, com que direito somos ofendidos por adeptos de religiões não brasileiras estabelecidas em solo brasileiro?*

***Pensando nisso... Nasceu o Axé-Mirim!!!***

*Paulo Ludogero e Cátia Ludogero*

# PREFÁCIO

Nesse momento se faz necessário um acompanhamento de perto das crianças que adentram os terreiros de Umbanda. Essas crianças são o futuro de uma religião ainda pouco compreendida pelas pessoas. E muitos são portadores de dons mediúnicos que, se trabalhados na tenra infância, serão médiuns de grande potencial.

Eu, quando incorporado em meu médium, quando chegam até mim as crianças, sempre deixo que elas deem vazão à sua alegria e à sua inocência infantil. Muitas vezes brincam comigo, pegam meu cachimbo, minha bengala, dançam à minha frente e na sua inocência realizam um trabalho que passa despercebido pelos olhos desatentos. Nas brincadeiras de um erê, nas traquinagens de um Exu-Mirim, está o amparo das crianças encarnadas e em suas brincadeiras infantis está o segredo da vida, pois elas veem o mundo de uma maneira diferente dos adultos.

Se me pedirem uma mensagem, então que seja esta:

> *A realização de um sonho, de um desejo ou de uma vida está no sorriso e no brilho dos olhos de uma criança, basta deixar fluir pelo seu espírito a ação de uma criança e tudo se renovará...*

*Inspirado por Pai Manuel de Arruda*

# PALAVRA DOS AUTORES

Em primeiro lugar, agradecemos ao nosso Pai Olorum pela oportunidade de semear esse trabalho.

Refletindo sobre o que esse projeto significa para nós e sobre quem colaborou para sua conclusão, tivemos a certeza de que várias pessoas foram muito importantes na sua execução.

Nossos familiares, que sempre nos incentivaram e nos apoiaram, nossos irmãos de fé, que trouxeram palavras de coragem e sugestões, e a amiga, Sandra Santos, que sempre nos incentivou.

Os guias de luz, que plantaram essa semente em nossos corações e estiveram presentes nos esclarecendo, aconselhando e amparando.

Nós não estivemos sós em nenhum momento.

Dedicamos esse trabalho a todos eles, e também a todos os Umbandistas que nascerão, mas, principalmente, àqueles que, no passado, foram discriminados e questionados sobre a sua fé; que viram suas tendas fechadas por intolerância religiosa, pois estes tiveram a melhor formação que poderiam ter "aquela que as entidades de Luz nos trazem". Mas isso era só o começo. Sabemos hoje que a base teórica também é importante e, pensando nisso, nasceu o Axé-Mirim, para que as novas gerações defendam nossa Umbanda com fé e com bases teóricas, sem dogmas ou preconceitos, respeitando as diferenças.

A todos o nosso muito obrigado.

*Francine Pierangeli*

Agradecemos a todos que se propuseram a trabalhar neste projeto de forma anônima, cuja contribuição não foi menos importante. Agradecemos também a todos os filhos da casa de Pai Flecha Certeira e Pai Manuel de Arruda pelo apoio que nos foi dado.

Este projeto só foi possível porque contamos com as bênçãos dos pais espirituais de nossa casa e de toda a Umbanda.

*Paulo Ludogero*

# PLANEJAMENTO

Caberá ao doutrinador planejar sua metodologia de aula e transmitir de modo claro e objetivo a intenção do **Curso de Doutrina Umbandista para crianças**.

- Planeje um calendário de fácil adaptação para as crianças de sua comunidade;
- Monte uma equipe de apoio;
- Marque uma palestra com os pais, responsáveis e crianças;
- Defina uma mensagem a ser transmitida de forma clara e objetiva;
- Transmita-a com naturalidade;
- Adapte a mensagem para que todos os presentes possam compreendê-la;
- Se for preciso, crie uma dinâmica.

**Após a palestra de apresentação, o doutrinador, já com a data predeterminada, marcará o início das atividades.**

- Planeje as aulas com antecedência;
- Verifique se há material didático suficiente.

**O doutrinador deve ter uma equipe de apoio de acordo com o número de crianças.**

- A função da equipe de apoio será determinada pelo doutrinador;
- As funções deverão ser divididas de forma a atender todas as necessidades das crianças;
- Visando a um melhor desempenho, todos da equipe devem saber realizar todas as funções destinadas.

## Avaliação do doutrinador

- Ao final de cada aula e atividade o doutrinador deve ter em mãos as fichas de inscrição de cada aluno e avaliar se seu objetivo foi atingido ou não;
- Se for preciso, fazer adaptações para que o objetivo seja alcançado.

## Programando a aula

- Vamos citar o exemplo do horário que nós da família de Pai Flecha Certeira utilizamos em nosso espaço.

| | |
|---|---|
| Das 10:30 às 10:35 | Prece de Abertura |
| Das 10:35 às 10h45 | Tema aberto: interagir com as crianças; (como as crianças passaram a semana) |
| Das 10:45 às 11:15 | Tema do dia |
| Das 11:15 às 11:30 | Intervalo |
| Das 11:30 às 11:55 | Atividade proposta |
| Das 11:55 às 12:00 | Prece de Encerramento |

# APOSTILA DO DOUTRINADOR
# INTRODUÇÃO

## PROJETO AXÉ-MIRIM

Chegou a hora de fazermos a diferença. É momento de se criar uma nova consciência sobre o que é a religião de Umbanda. Assim sendo, o Projeto Axé-Mirim se inicia com a responsabilidade de tornar nossas crianças multiplicadoras do amanhã, sem dogmas, sem constrangimento, sem discriminação, sem intolerância. Cidadãos com o objetivo de tornar um mundo melhor.

**Axé-Mirim** inicia-se também com a responsabilidade de despertar a FÉ, o AMOR, o CONHECIMENTO, a JUSTIÇA, a LEI, a EVOLUÇÃO e a GERAÇÃO, que são as sete vibrações de nosso Criador em nossas crianças, que serão os adultos do amanhã e que multiplicarão o Setenário Sagrado de geração em geração.

## AULA DE APRESENTAÇÃO

Na aula de apresentação, recomendamos:

- Cantar o Hino da Umbanda;
- Cantar o ponto do guia chefe da casa;

- Cantar o hino do Axé-Mirim, que pode ser encontrado no *site* www.paiflechacerteira.com.br;
- Cantar um ponto para os erês;
- Saudar a esquerda da casa, para que abram os caminhos e protejam nossas crianças.

Nesta aula é de extrema importância que os pais se façam presentes, pois faremos uma dinâmica que envolve a família.

## CANTO DE ABERTURA DE AULA

*Eu vi uma luz lá no céu brilhar*
*E essa luz é a força de Oxalá*
*Quero aprender o amor de Mãe Oxum*
*Quando chega a noite rezo ao Pai Olorum*
*O Axé-Mirim vem a todos ensinar*
*Umbanda é Fé, leva o amor e leva a paz*

*Ivan e Rosi Goddoy*

## DINÂMICA DA UNIÃO E A FAMÍLIA

**Material:** 1 Bambolê.

**Metodologia:** Será solicitado que todas as pessoas deem-se as mãos, formando no meio do terreiro um semicírculo.

Será entregue para a pessoa da extremidade um bambolê com a seguinte orientação: o bambolê deve percorrer todo o semicírculo, passando de pessoa a pessoa até chegar à extremidade oposta.

Não existe uma regra para passar o bambolê, o importante é que ele chegue à extremidade oposta o mais rápido possível.

**Objetivo:** Mostrar à família que, mesmo havendo diferenças, é possível superarmos nossas dificuldades, que devemos nos ajudar mutuamente, confiar um no outro e que somente assim poderemos alcançar nossos objetivos de uma forma clara e rápida.

**Fonte:** www.esoterikha.com/coaching-pnl/como-fazer-a-dinamica-do-bambole-motivacao-nas--equipes.php

## DINÂMICA DA UNIÃO E A UMBANDA

Na corrente mediúnica temos desde médiuns iniciantes até médiuns detentores de alto grau. Porém, não existe distinção entre eles, são todos iguais na corrente e todos têm importância.

Nessa dinâmica, todos são elos de uma corrente; se uma se parte, o bambolê não continuará o seu curso normal. Assim é a corrente mediúnica: se um médium falta, ou não se concentra, estará rompendo as energias que estarão fluindo dentro do terreiro. Daí a importância de não faltar na gira e se concentrar o máximo possível, ou seja, não ficar com brincadeiras.

Ao término da aula, o doutrinador deve fazer a prece de encerramento e/ou cantar um ponto.

## PRÓXIMAS AULAS

Recomendamos, em todas as aulas, fazer uma prece de abertura curta, pedindo licença aos guias-chefe da casa e as bênçãos de Pai Olorum e dos Sagrados Orixás.

## CONHECENDO O GRUPO

Vamos deixar nossas crianças se conhecerem umas às outras. Vamos separá-las em duplas ou em trios, para quebrarem a timidez e pedirem que se apresentem.

Com essa atividade, além de quebrar a timidez, estaremos estimulando a amizade entre elas.

Após a apresentação, será executada a música de abertura da aula.

***Ponto de entrada***

*Jesus Cristo um dia também*
*Foi criança*

*E quando adulto para o mundo*
*Disse assim:*

*Deixai, deixai,*

*Deixai que as crianças venham*

*A Mim!*

*Márcio Henrique de Souza Ramos*[2]

**P.S.:** Agradeço aos meus irmãos Márcio e Pai Sérgio, por terem cedido este ponto para que fosse divulgado.

### Atividade proposta

Para finalizar, a dupla deverá se abraçar de modo que os corações se toquem, devendo ficar em silêncio para ouvir ou sentir o coração de seu companheiro doando energia.

Essa atividade visa a quebrar a barreira das diferenças, estimulando o respeito, o amor e o companheirismo. Vamos pedir que cada criança desenhe o que sentiu quando abraçou e depois mostre ao grupo dizendo o que significa seu desenho.

Essa atividade trabalha a percepção e a integração social.

---

**2** Médium da Casa de Caridade Legião de Orixás e Ogum. Sacerdote: Pai Sergio Fontes.

## O QUE É O ABRAÇO?

> *Um abraço é realizado com os braços abertos, envolvendo a pessoa até suas costas, de forma que suas mãos podem tocar e acariciar as costas da pessoa. O amor e a arte não abraçam o que é belo, mas o que justamente com esse abraço se torna belo.*
>
> *Karl Kraus*

Nesta frase de Karl Kraus, ele diz que tudo o que nós abraçamos se torna belo, então, neste ato, reconhecemos a beleza interior de cada um. É um gesto muito simples, que muitas vezes pode provocar a cura de uma pessoa que necessita de carinho e amor. O ato de abrirmos os braços a alguém significa que estamos doando energia e reconhecendo na pessoa abraçada a beleza interior que ela possui.

Podemos concluir que:

- O abraço demonstra o amor e o carinho que sentimos pela pessoa abraçada;
- Informa à pessoa abraçada a confiança que sentimos nela;
- Diz, sem palavras pronunciadas, o quanto queremos pedir perdão;
- O abraço recebido e dado traz paz e conforto para ambas as pessoas.

Quando estivermos diante de uma situação e nos faltar palavras:

- Abrace sem medo o seu semelhante;
- Abrace seus pais, pois eles te deram a vida;
- Abrace a vida e tudo o que você deseja alcançar;
- Abrace sua religião, abrace Pai Olorum com todo seu amor.

## Atividade proposta

Com a ajuda da curimba vamos entoar um ponto e nos abraçar, transmitir uns aos outros o carinho e o amor que nos envolve. Vamos transmitir tudo o que Deus nos dá com o amor que somente um Pai maravilhoso pode oferecer.

*Um abraço dado,*
*de bom coração*

*É o mesmo que uma bênção*

*Um bênção,*
*uma bênção*

*Domínio público*

## DINÂMICA DA CONFIANÇA

Não necessita material.

**Metodologia:**

- O doutrinador pede ao grupo que forme um círculo de modo que todos fiquem se tocando ombro a ombro.
- A fim de misturar os participantes convém promover uma troca de lugares, por exemplo, contando até 3 e dizendo que ninguém deve permanecer onde estava.
- O doutrinador deve observar se não existe nenhum caso de pessoa muito frágil ou doente ao lado de alguém muito obeso ou alto, homogeneizando o grupo.
- O círculo deve ser apertado de forma que o peito de cada um esteja tocando as costas do colega da frente.
- Desafia-se então o grupo a sentar ao mesmo tempo no joelho do colega de trás.
- Para isso, o colega de trás deverá apoiar o colega da frente pela cintura, a fim de evitar a sua queda.
- O grupo só será bem-sucedido se todos fizerem os movimentos ao mesmo tempo, de forma harmoniosa. Se um cair, todos caem.
- Promovem-se tantas tentativas quantas forem necessárias, até que o grupo consiga.
- Quando o objetivo for atingido, pede-se que todos ergam as mãos devagar, como comemoração pela vitória, e depois segurem novamente a cintura do colega da frente para que todos se levantem também com um só movimento.
- Pede-se então que o círculo seja ainda mais reduzido, formando uma cadeia com as pessoas viradas de lado, uma atrás da outra, ainda em círculo.

**Objetivo:** Despertar a relação de confiança no trabalho em equipe.

Após a dinâmica, o doutrinador promove uma discussão dirigida sobre o resultado atingido e sobre como se desenvolveu a atividade, podendo colocar questões como:

- Foi fácil confiar no apoio do colega de trás?
- Qual a segurança que demos ao colega da frente?
- Sem confiança mútua poderíamos atingir esse objetivo?

O doutrinador pode ainda fazer um paralelelo com a realidade do dia a dia do trabalho, casa, escola, comunidade, etc.

**Fonte:** www.formador.com.br – Dinâmicas de Grupo Online

## DINÂMICA DA CONFIANÇA E A UMBANDA

Na corrente mediúnica, temos médiuns com funções diferentes. Por exemplo: cambones, tabaqueiros, ogãs, etc.

Embora todos tenham funções diferentes, devemos ter a confiança de que, se necessário, teremos o apoio dos outros irmãos. O cambone pode receber o apoio do tabaqueiro, do ogã etc.

Nessa dinâmica, devemos ter a confiança de que cada um desempenhará bem a sua função, mas se houver necessidade devemos estar prontos para dar apoio aos nossos irmãos.

## O QUE É RELIGIÃO?

Religião é uma palavra que deriva do termo latim "Re-ligare" e, seu significado é religar-se ao divino, ou seja, religar-se ao Pai.

### Atividade proposta

Em uma folha à parte, vamos perguntar as religiões que elas conhecem.

O doutrinador indaga às crianças:

- Quais são as religiões que vocês conhecem?

As crianças, com a ajuda dos doutrinadores, anotam os nomes das religiões nas folhas.

- Qual religião vocês acham mais importante?

As crianças, com a ajuda dos doutrinadores, anotam o nome da religião que a criança acha mais importante.

O doutrinador faz uma pausa e lê a conclusão de todas as crianças. Nova indagação:

- Quem essas religiões cultuam?

O doutrinador explicará que todas as religiões cultuam Deus, o Criador de tudo e de todos, de todas as formas de vida. Deus está em tudo e em todos e é cultuado de diversas formas e com diferentes nomes.

- Como podemos saber se Deus existe, se ninguém nunca o viu?

Nós já dissemos que Deus está em tudo e em todos, seja a praia, seja o Sol, seja a Lua, sejam os animais, isto é, em toda a Criação Divina. E tudo o que Ele constrói é com muito amor...

Na Umbanda, Deus é pai Olorum, no Islamismo é Alá, no Cristianismo é Jeová, no Hinduísmo é Brahma e outros nomes Deus possui de acordo com a crença de cada um, mas Deus é sempre Deus em qualquer lugar.

*Nosso Pai maior é Olorum*

*Senhor do céu e aqui na terra também*

*Não importa se o chamam de Deus,*

*De Alá ou Jeová*

*Nosso Pai Maior Ele sempre será"*

*Rosí Goddoy*

## A ORAÇÃO E SUA IMPORTÂNCIA

Como já vimos, religião é uma palavra que deriva do termo latim "Re-ligare", e seu significado é religar-se ao divino, ou seja, religar-se ao Pai. O melhor meio de nos religarmos ao Divino Pai é através da oração.

Oração é um diálogo, uma conversa estabelecida entre o orador e o Divino. Devemos sempre nos apresentar de forma respeitosa, sem pressa, para orar tranquilamente ao Pai.

Em nossas orações, podemos fazer pedidos e agradecimentos. Podemos pedir um bom dia de trabalho, um bom dia de estudo, um bom dia de brincadeira, uma boa noite de sono, a cura de uma pessoa doente e muitos outros pedidos. Podemos agradecer por nossa vida, pelos nossos estudos, por nossos pais, pelo amor, pela fé, por ter dormido bem e muitos outros agradecimentos.

Criar o hábito de fazer uma oração nos torna pessoas religiosas ligadas ao Pai Maior.

### Atividade proposta

O doutrinador, após fazer a oração de abertura, deve propor que todas as crianças façam uma oração. Será feito um revezamento de uma criança por aula.

Forma-se um círculo de mãos dadas e todos entrarão em postura de oração, esperando a criança terminar de orar.

O objetivo desta atividade é trabalhar a timidez de cada criança, onde ela fará seus pedidos e agradecimentos junto com seus companheiros. O círculo visa demonstrar a corrente que esta sendo montada, todos juntos, orando em união. Nesse momento estamos todos doando nossas energias para nossos semelhantes.

Essa atividade despertará na criança o hábito de orar, ativando pouco a pouco sua Fé.

## POSTURA DE ORAÇÃO

A melhor postura para uma oração é aquela em que estamos confortáveis.

Podemos ajoelhar, ficar em pé, sentados e até mesmo deitados, o importante é que no momento da oração estejamos compenetrados, com o pensamento voltado ao Pai Olorum e aos Sagrados Pais e Mães Orixás.

Não devemos estar brincando, assistindo televisão ou ouvindo músicas que dispersam nossa concentração.

A melhor oração é aquela feita com o nosso coração, palavras que saem de dentro com amor e muita fé.

A postura ajuda nossa concentração para orarmos com amor.

# CAPÍTULO 1
# ANJO DE GUARDA

## A IMPORTÂNCIA DE ORAR AO SEU ANJO DE GUARDA

Anjo da Guarda é um Ser Iluminado que todos têm, independente da religião, que nos protege diariamente. Se o Ser Humano vibrasse constantemente virtudes, qualidades, pensamentos positivos, os Anjos estariam constantemente conosco. Porém, nossos pensamentos não virtuosos fazem com que Eles nos ajudem à distancia e para senti-los próximos temos a opção de fazer um ritual para que possamos sentir a presença Deles perto de nós (ancorar o anjo). Entrar em postura de oração, conversar intimamente com seu anjo de guarda, elevar os pensamentos, evocar seu Anjo e fazer uma oração.

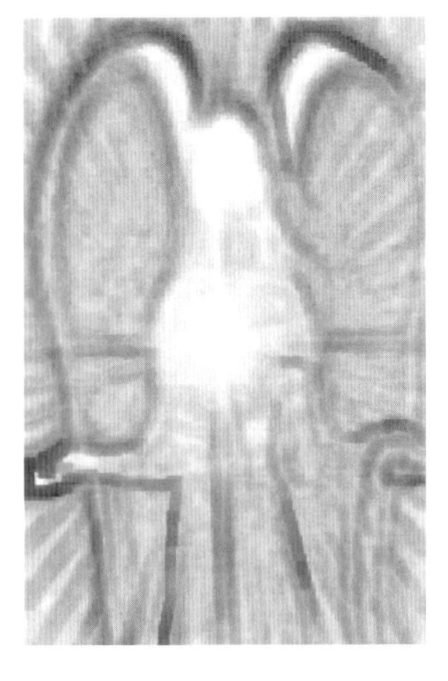

Os anjos se apresentam da forma como os imaginamos, seja adulto, criança, menino, menina ou uma luz brilhando. Imagine seu anjo de guarda ao seu lado e converse com Ele.

A melhor oração é aquela que fazemos com o nosso coração, não precisamos decorar! Temos que estabelecer a postura de oração e nos dirigir a Eles, os Anjos de Guarda, com respeito e muito amor.

## A UMBANDA E OS ANJOS DE GUARDA

Os guias espirituais recomendam mantermos constantemente o Anjo da Guarda iluminado. Essa iluminação se dá através de uma vela simples ou de 7 dias colocada acima de nossas cabeças. Com esse ritual descrito acima estaremos solicitando Sua proteção, evitando pensamentos e projeções negativas.

Orientar as crianças a que, ao acender uma vela ao seu anjo de guarda, elas peçam ajuda aos seus pais ou a alguém responsável para evitar riscos desnecessários.

## CANTO AO ANJO DA GUARDA

*Meu anjo da guarda que guarda a mim*

*É para vós esta canção, e de joelhos digo assim*

*Me proteja todo dia, me ajude a ser bom*

*Em casa, na escola e para todos os irmãos*

*Obrigado anjo da guarda, anjo do meu coração*

*Olhe por mim agora, vou rezar com devoção*

*Rosí Goddoy*

### Atividade proposta

Fazer um círculo com as crianças e, ao som de uma música relaxante (exemplo: *new age*), fornecer folhas de sulfite e pedir a elas para escreverem uma carta ou fazer um desenho aos seus anjos de guarda. Levar o bilhete para casa, colocar em um lugar limpo e fazer a oração ao Anjo. Podem também colocar debaixo do travesseiro.

**Carta ao Meu Anjo de Guarda**

Nome:______________________________________________

Idade:__________ Data: ____/____/______

## CAPÍTULO 2
# HISTÓRIA DA UMBANDA

No final de 1908, um jovem rapaz começou a sofrer estranhos "ataques". Esses "ataques" do rapaz eram caracterizados por posturas de um velho, falando coisas sem sentido e desconexas, como se fosse uma pessoa que havia vivido em outra época. Muitas vezes assumia uma forma que parecia a de um felino lépido e desembaraçado que mostrava conhecer muitas coisas da natureza.

Após examiná-lo durante vários dias, o médico da família recomendou que seria melhor encaminhá-lo a um padre, pois o médico (que era tio do paciente) dizia que a loucura do rapaz não se enquadrava em nada que ele havia conhecido. Acreditava mais era que o menino estava endemoniado.

Após o exorcismo, realizado por um sacerdote católico, não se conseguiu o resultado esperado, pois os ataques continuaram. Passado algum tempo, o rapaz, que se chamava Zélio Fernandino de Moraes, sentiu-se completamente curado.

Alguém da família sugeriu que "isso era coisa de espiritismo" e que era melhor levá-lo à Federação Espírita de Niterói. Zélio foi convidado a participar de sessão e tomou um lugar à mesa. Assim, tomado por uma força estranha e alheia à sua vontade, Zélio levantou-se e disse: "Aqui está faltando uma flor". Saiu da sala indo ao jardim e voltando em seguida com uma flor, colocou-a no centro da mesa.

Essa atitude causou um enorme tumulto entre os presentes. Ao mesmo tempo aconteciam várias manifestações de caboclos e pretos velhos. O diretor dos trabalhos achou tudo aquilo um absurdo e advertiu-os com aspereza, citando o "seu atraso espiritual" e convidando-os a se retirarem.

Após esse incidente, novamente uma força estranha tomou o jovem Zélio. Através dele falou:

> *Por que repeliam a presença dos citados espíritos, se nem sequer se dignaram a ouvir suas mensagens. Seria por causa de suas origens sociais e de cor?*

Novamente uma grande confusão, todos querendo se explicar, debaixo de acalorados debates doutrinários. Nisso, um vidente pediu que a entidade espiritual se identificasse. Ainda tomado pela força, o médium Zélio respondeu:

> *Se querem um nome, que seja este: sou o Caboclo das Sete Encruzilhadas, porque, para mim, não haverá caminhos fechados.*

O vidente interpelou a Entidade dizendo que ele se identificava como um caboclo, mas que via nele restos de trajes sacerdotais. O espírito respondeu então:

> *O que você vê em mim são restos de uma existência anterior. Fui padre e o meu nome era Gabriel Malagrida. Acusado de bruxaria, fui sacrificado na fogueira da Inquisição em Lisboa, no ano de 1761. Mas, em minha última existência física, Deus concedeu-me o privilégio de nascer como caboclo brasileiro.*

Anunciou também o tipo de missão que trazia do Astral: Fixar as bases de um Culto, no qual todos os espíritos de índios e pretos velhos poderiam executar as determinações do Plano Espiritual, e que no dia seguinte (16 de novembro de 1908) desceria na residência do médium, às 20 horas, e fundaria um Templo onde haveria igualdade para todos, encarnados e desencarnados.

> *Deus, em sua infinita Bondade, estabeleceu na morte os grandes niveladores universais, ricos ou pobres, poderosos ou humildes, todos se tornariam iguais na morte, mas vocês, homens preconceituosos, não contentes em estabelecer diferenças entre os vivos, procuram levar essas mesmas diferenças até mesmo além da barreira da morte. Porque não podem nos visitar esses humildes trabalhadores do espaço, se apesar de não terem sido pessoas socialmente importantes na Terra, também trazem importantes mensagens do além.*

Fundava-se, assim, o primeiro Templo para o culto de Umbanda, com a denominação de "Tenda Espírita Nossa Senhora da Piedade", porque – nas palavras da entidade – assim como Maria acolhe em seus braços o Filho, assim a tenda acolheria os que nas horas de aflição a ela recorressem.

Através de Zélio de Moraes, além do Caboclo das Sete Encruzilhadas, manifestou-se um Preto Velho, Pai Antonio, para a cura dos enfermos. Cinco anos mais tarde, apresentou-se outra entidade, o Orixá Male, para tratar de obsedados e combater trabalhos de magia negra.

A figura de Cristo centralizava o culto. Sua doutrina de perdão, de amor, de caridade era a diretriz dessa religião, que falava de perto ao coração dos humildes, anulando preconceitos, nivelando o doutor e o operário, o general e o soldado. Daí em diante, a casa de Zélio de Moraes passou a ser a meta de crentes, descrentes, enfermos e curiosos.

Mais tarde iniciaram-se as aulas doutrinárias para o preparo de médiuns que iriam dirigir os sete Templos que o Caboclo das Sete Encruzilhadas deveria fundar como segunda etapa da sua missão: Tenda Nossa Senhora da Conceição, com Gabriela Dionísio Soares; Tenda Nossa Senhora da Guia, com Durval de Souza; Tenda Santa Bárbara, com João Aguiar; Tenda São Pedro, com José Meireles; Tenda de Oxalá, com Paulo Lavois, Tenda São Jorge, com João Severino Ramos; Tenda São Jerônimo, com o Capitão Pessoa.

Centenas de Templos foram fundados posteriormente sob a orientação do Caboclo das Sete Encruzilhadas, no estado do Rio de Janeiro, São Paulo, Minas Gerais, Espírito Santo, Pará, Rio Grande do Sul. Sempre que possível, Zélio participava pessoalmente das instalações; quando o seu trabalho não o permitia, enviava médiuns capacitados para organizarem e dirigiram as novas casas.

O Caboclo das Sete Encruzilhadas nunca determinou sacrifícios de animais para fortalecer médiuns e homenagear entidades. O preparo mediúnico baseava-se na doutrina do ensinamento de normas evangélicas. A água e as ervas eram os elementos ritualísticos usados nos amacis, banhos e defumador.

O Evangelho era a base do ensinamento da entidade que recomendava, como lembrete constante, o que é necessário para a prática correta e leal da mediunidade: não ter vaidade, manter elevado padrão moral, proceder corretamente dentro e fora do Templo, prestar socorro espiritual gratuitamente a todos os que dele necessitassem e recorressem ao médium.

A Umbanda nos ensina a Crer num Deus único e absoluto; nos Orixás, forças superiores que atuam nos vários campos de revelação e chegam até nós através dos seus mensageiros, os Guias trabalhadores dos terreiros de Umbanda; na Reencarnação – a volta do espírito, sucessivamente, à matéria para se aproximar; na Lei de Causa e Efeito – que nos dá a colheita correspondente ao que semeamos; no amor ao próximo, base da Fraternidade Universal.

A Umbanda indica-nos o caminho a seguir: a prática da mediunidade como missão e nunca profissão; a humildade, a tolerância, a compreensão; o pensamento positivo para nós mesmos e para os nossos semelhantes; a Caridade – Amor Espiritual – na palavra e na ação.

Muito obrigado aos Pais...

***Zélio Fernandino de Moraes***
***Caboclo das Sete Encruzilhadas***

(Texto extraído do Boletim Informativo da Tenda Nossa Senhora da Piedade, ano 2003)

## Atividade proposta

Desenvolver uma peça de teatro de acordo com o texto acima.

# CAPÍTULO 3
# PAI OLORUM E SUA DIVINA CRIAÇÃO

## QUEM É DEUS?

Quem é Deus? O que Deus representa para cada um?

Estabelecer um diálogo, fazendo com que todas as crianças participem. Conduzir o diálogo de forma que todas as ideias se completem.

O doutrinador deve conduzir e fechar o diálogo estabelecido.

Explicar para as crianças a terminologia usada para designar DEUS dentro da doutrina umbandista.

- Os caboclos chamam Deus de Tupã Maior.
- Os pretos velhos chamam Deus de Zambi.

Em geral, dentro da umbanda Deus é conhecido como Pai Olorum, que significa OLO Senhor e ORUN céu = Senhor do Céu. Pai Olorum é o criador do céu (Orun – mundo espiritual) e da Terra (Aiye – mundo físico); resumindo, ele é o criador de tudo e de todos.

Devemos esclarecer que PAI OLORUM é único, sempre foi e sempre será, apesar da grande variedade de nomes pelos quais ele é conhecido.

(Por exemplo: Alá para os muçulmanos, Jeová para os testemunhas de Jeová, etc.)

Devemos explicar ainda que Pai Olorum é:

- Onipresente = ou seja, ele está em todos os lugares;
- Onisciente = ou seja, ele conhece a tudo e a todos;
- Onipotente = ou seja, ele tem o poder absoluto.
- Eterno = porque não possui um ciclo de vida (nascer, desenvolver, crescer, envelhecer e morrer), ele simplesmente existe e sempre existirá sem começo e sem fim.
- Imutável = ou seja, ele nunca muda, não perde suas qualidades, independente de qualquer coisa ele sempre será Pai Olorum.
- Soberanamente justo e bom, porque sua sabedoria e bondade aparecem em toda a criação e estão presentes nos pequenos e grandes acontecimentos.

Vejam como Pai Olorum nos ama. Ele nos ampara e nos acolhe em suas mãos:

**Atividade proposta**

Entregar uma folha de sulfite em branco, para que a criança possa fazer um desenho da criação de Pai Olorum.

Esta atividade tem como objetivo levar a criança a perceber que ela também faz parte da criação divina e, portanto, deve estar representada no desenho. No final, deve ser explicado à criança que todos os seres aqui existentes devem viver de forma harmoniosa, pois todos somos filhos do mesmo Pai = PAI OLORUM.

De acordo com sua compreensão, fazer um desenho sobre a criação de Pai Olorum.

Nome:____________________________________________

Idade:_________ Data: ____/____/______

## A GÊNESE

O mundo foi criado por Pai Olorum. Ele criou o mar, as praias, as florestas, os rios, as cachoeiras, as pedreiras, todas as formas de vida que nós conhecemos e mesmo as que ainda não conhecemos.

Na criação de Pai Olorum, todas as coisas estão interligadas, ou seja, uma depende da outra para existir e/ou se complementar, isso se chama adaptação. Para chegarmos ao planeta que conhecemos hoje, foi necessário ocorrer várias transformações, pois, no princípio, o planeta Terra estava num caos energético, ou seja, numa bagunça total e isso fazia com que ocorresse a elevação da temperatura a tal ponto que impedia a formação do nosso planeta.

Então o primeiro passo foi corrigir a questão da temperatura. Na sequência, ele criou de si o vazio e foi este vazio que organizou os espaços. Então, começaram a surgir algumas formas rústicas de vida.

Dando continuidade à sua obra, Pai Olorum criou dentro dos seus tronos sagrados alguns fatores para ajudá-lo na sua criação e cada fator está ligado a um Orixá.

Esses fatores são denominados de fatores divinos, pois, através deles, foi possível a criação da vida; estes fatores nada mais são do que a irradiação do Divino Criador para manter o equilíbrio.

- Oxalá = mistério da fé, qualidade congregadora – porque temos que crer em Deus.
- Oxum = mistério do amor, qualidade agregadora – temos que ter amor, pois sem amor não há fé.
- Oxóssi = mistério do conhecimento, qualidade expansora – o conhecimento pode nos expandir aumentando a fé e o amor.
- Xangô = mistério da justiça, qualidade equilibradora – sem equilíbrio não há aprendizado, nem fé.
- Ogum = mistério da lei, qualidade ordenadora – traz os caminhos corretos para seguir a fé, o amor e o conhecimento.
- Obaluaiê = mistério da evolução, qualidade transmutadora – faz com que possamos crescer em nossas ações.

- Iemanjá = mistério da vida, qualidade geradora criativista – criou junto com Pai Olorum todos os outros fatores.

Existem outros Pais e Mães Orixás, mas daremos ênfase aos Sete descritos acima.

Não podemos esquecer de forma nenhuma que existem muitos outros Pais e Mães Orixás, que são cultuados de acordo com a doutrina umbandista que cada casa segue.

**Mãe Iansã, Pai Oxumare, Mãe Oxum, Mãe Obá, Mãe Egunitá, Pai Omulu, Mãe Logunan são apenas alguns dos muitos Orixás que existem.**

**P.S.:** Caberá ao doutrinador desenvolver um estudo sobre outros Orixás ou não.

## Atividade proposta

Para a compreensão deste tema, propomos a seguinte atividade:

Vamos construir um Globo Terrestre, simulando a criação do mundo. O objetivo desta atividade é fazer com que as crianças possam assimilar o conteúdo ministrado e também motivar o trabalho em equipe; já que a criação de Pai Olorum está interligada, então para que a obra se conclua cada equipe terá que fazer a sua parte.

A atividade será da seguinte forma:

- Será levado um globo de isopor revestido com feltro preto (simulando o vazio);
- Cada parte da criação será montada em uma maquete pequena e sob uma superfície flexível para poder ser colada no Globo Terrestre.
- Cada equipe representará um ponto de força da natureza.
- A criança será convidada a ajudar Pai Olorum na Criação do Mundo, através da narração desta história.

## Atividade proposta

Desenhar o mundo criado por Pai Olorum e os Sagrados Orixás.

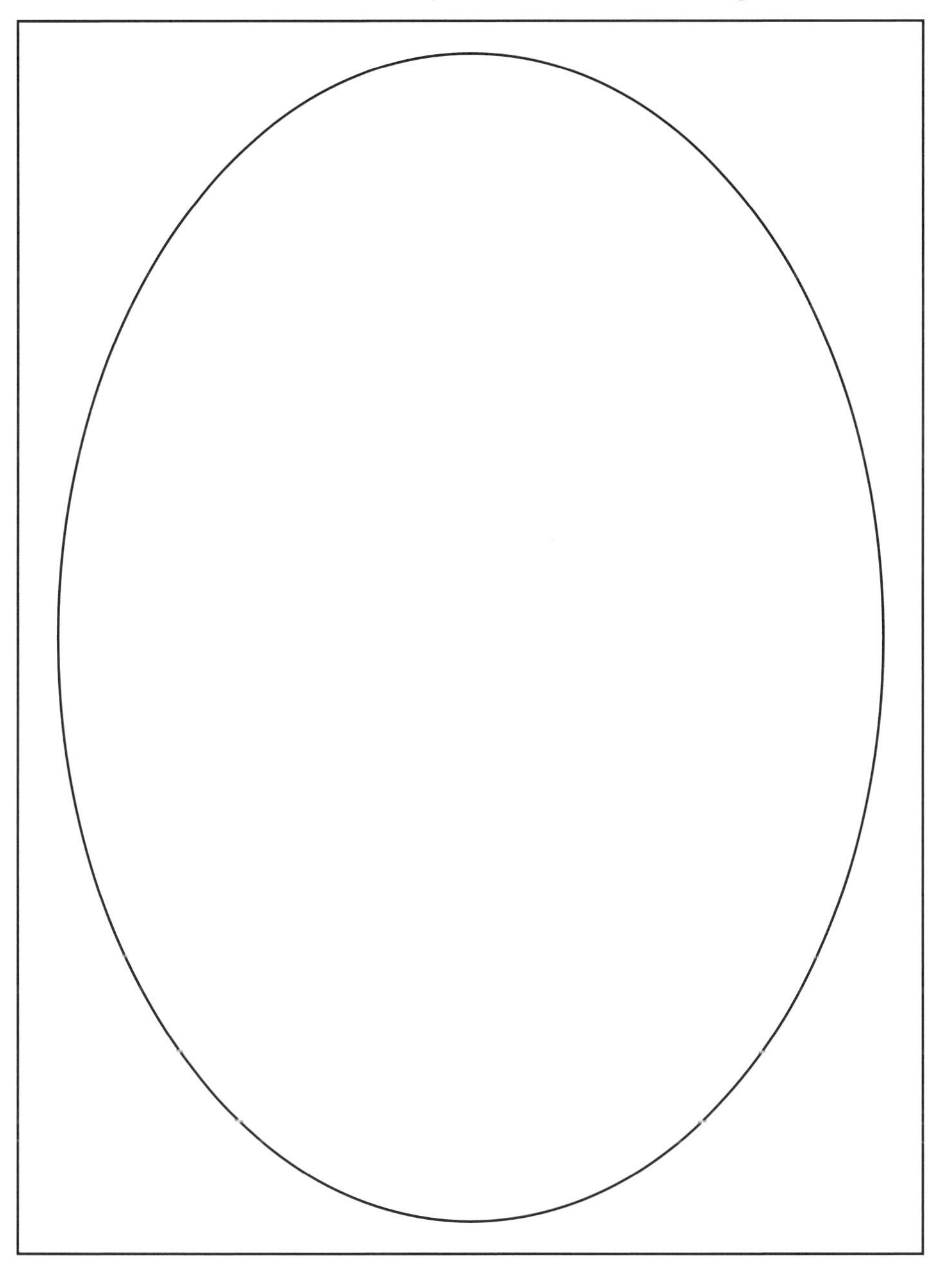

Nome:_______________________________________________

Idade:__________ Data: ____/____/______

# CAPÍTULO 4
# OS ORIXÁS

Cada Pai e Mãe Orixá representa uma vibração de Deus/Pai Olorum. (Explicar junto com o globo).

**Pai Oxalá compõe a 1ª linha da Umbanda** e a vibração que ele irradia para nossa vida é a Fé, então, podemos dizer que Pai Oxalá gera a fé o tempo todo e a irradia de forma reta, alcançando a tudo e a todos.

Sua cor é o Branco.

*Saudação a Pai Oxalá: SALVE MEU PAI OXALÁ;*
*Oxalá é meu pai.*

Pai Olorum deu a Pai Oxalá a FÉ, e através dele (Oxalá) é que a Fé se manifesta dentro de nós.

Pai Oxalá é a Paz, é a manifestação de Pai Olorum em todos os sentidos, pois trás em si a fé no Pai Maior. E essa fé que Pai Oxalá trás, está dentro de nós.

Pai Oxalá representa o segundo estado da criação: o espaço físico, a existência do Planeta Terra!

Sua dança é com o corpo curvado, simbolizando o peso dos mundos criados, balança as mãos de um lado para o outro simbolizando o momento da criação do espaço à sua frente.

**Ferramenta:** Nas imagens construídas pelo homem, Pai Oxalá está sempre usando uma cajado com uma Pomba Branca sobre ele. Esse cajado representa a sustentação dos mundos criados, é chamado de Paxorô. A pomba branca representa o Espírito Santo que leva as mensagens de Pai Oxalá até Pai Olorum.

A partir daí, criar perguntas para as crianças:

- Quem acredita em Pai Olorum?
- Como você imagina Pai Olorum?
- Vocês acham que ele está dentro de nós? Por quê?
- A fé pode ser tocada?
- Amando nossos semelhantes estamos tendo a Fé que Pai Oxalá nos ensina?

## Atividade proposta

Pai Oxalá construiu os mundos, o espaço físico. Vamos fazer a seguinte atividade:

Vamos construir o símbolo da Paz de Pai Oxalá.

O doutrinador poderá confeccionar um quebra-cabeça com uma figura que remeta à Paz.

### Material

1. Uma caneta
2. Cola em bastão
3. Tesoura sem ponta
4. Uma foto de revista
5. Uma folha de cartolina

### Como fazer

1. Selecione a parte da figura que é mais interessante.
2. Corte a borda que não interessa.
3. A próxima etapa é reforçar o quebra-cabeça. Para isso, cole a imagem na folha de cartolina.
4. Mais uma vez, corte a borda com a tesoura.

5. A próxima etapa é desenhar as formas mais estranhas, para as peças do quebra-cabeça (desenhe no verso para não sujar a imagem).
6. Outra vez, com a tesoura sem ponta, corte a figura em pedacinhos.
7. Está pronto! Agora, quem desmonta, tem que montar... bom trabalho!

Fonte: www.tvcultura.com.br/x-tudo/.../quebracabeca.htm

A Paz de Oxalá é representada pela pomba branca.

Nome:_______________________________________________

Idade:__________ Data: ____/____/______

**Atividade proposta**

Vamos colorir o cajado de Pai Oxalá.

Nome:________________________________________________

Idade:__________ Data: ____/____/______

**Mãe Oxum compõe a 2ª linha da Umbanda** e a vibração que ela irradia para nossa vida é o amor, então podemos dizer que Mãe Oxum agrega todos os sentimentos para conceber o amor. Seu ponto de força na natureza é a cachoeira, e como tem a função agregadora, agrega a todos em união ao Amor Divino.

As cores mais conhecidas são: Rosa, Azul Marinho, Amarelo e Dourado.

*Saudação à Mãe Oxum: SALVE NOSSA MÃE OXU; Ora Yê iê ô = Olha por nós, mãezinha.*

Sua dança representa a concepção do Amor Divino, simboliza uma mãe fazendo uma criança ninar e a traz para seu útero.

**Ferramenta:** Oxum traz o abebé (espelho de forma circular), símbolo da beleza, do amor a si mesmo e da vaidade.

### Atividade proposta

- Prato de papelão redondo, pequeno e laminado
- Bastão flexível ou canudos
- Cola

Confeccionar abebés e dar para todas as crianças.

- Por dentro do prato colaremos os papéis laminados, de modo que o lado refletor fique como se fosse um espelho
- Colar o canudo atrás do prato

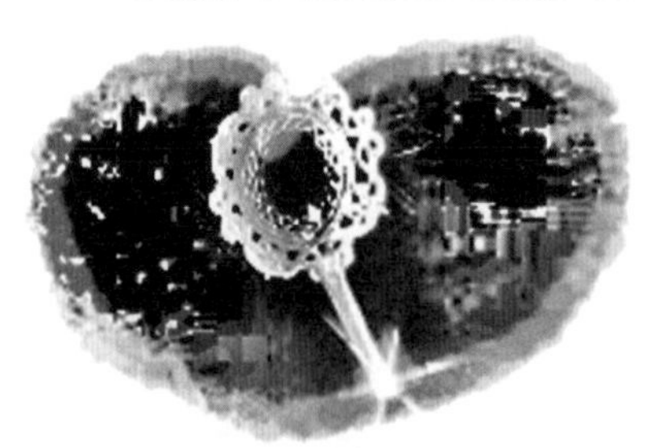

Abebé de Oxum

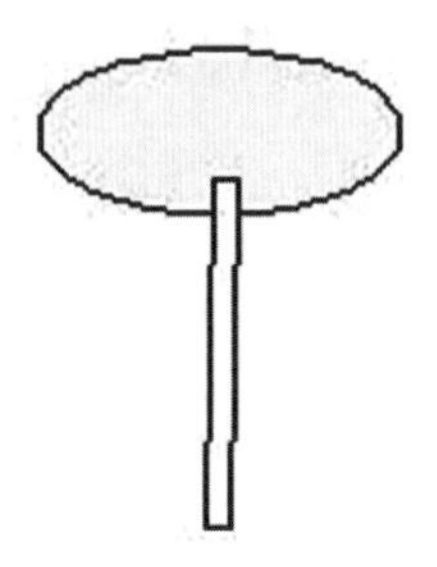

## Atividade proposta

Utilizando o lápis de cor rosa, azul marinho ou amarelo, pintar os corações e encontrar todas as palavras que estejam relacionadas com nossa amada Mãe Oxum.

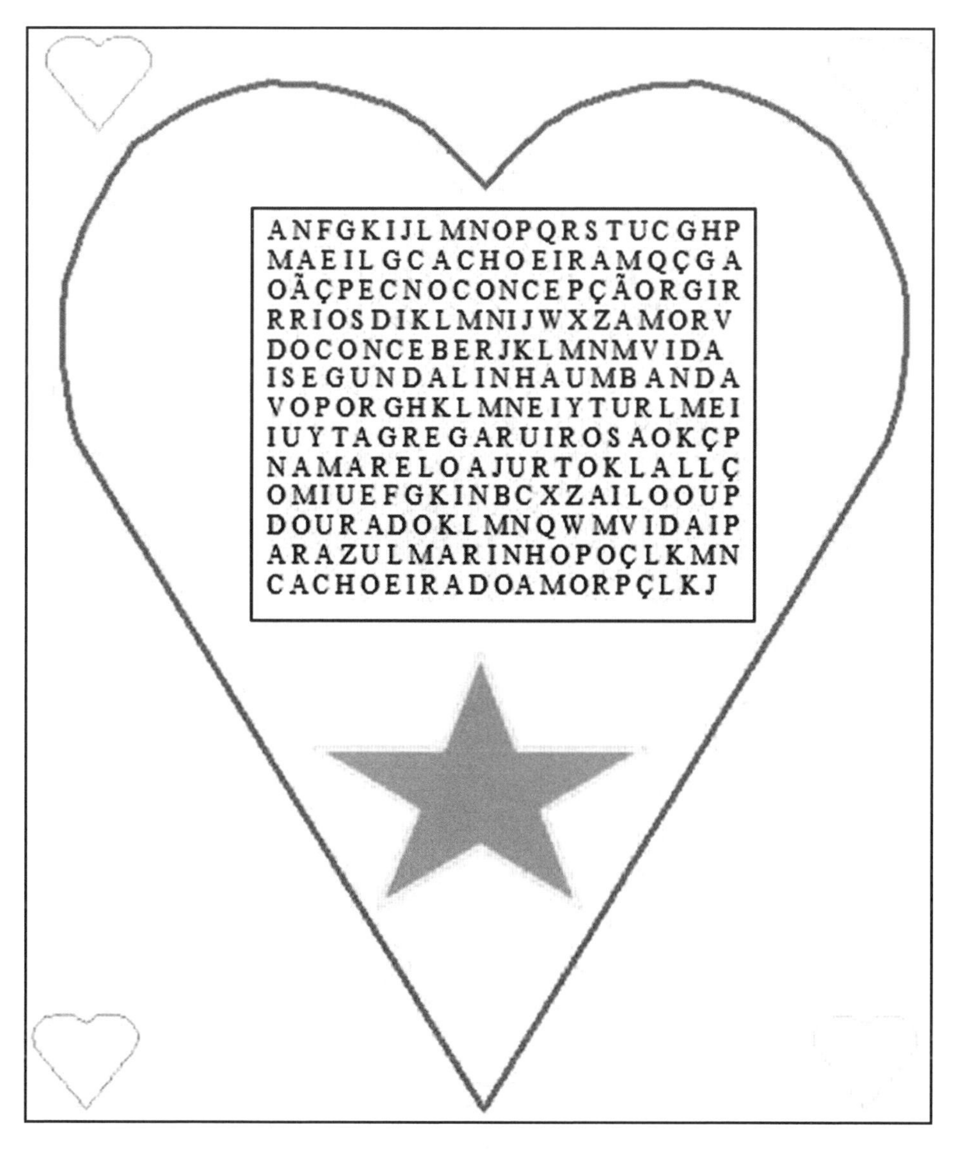


Nome:________________________________________________

Idade:__________ Data: ____/____/______

## UMBANDA, RESPEITO ÀS DIFERENÇAS E SOLIDARIEDADE

Estamos falando nesse momento de amor, sim, o amor Divino... O amor também é respeitar os mais velhos, os mais novos, respeitar opiniões diferentes e entender as diferenças que existem entre as pessoas.

Todas as pessoas, por mais diferentes que sejam, têm um dádiva única que é igual para todos: SOMOS FILHOS DO MESMO PAI. Por sermos filhos do mesmo Pai, devemos entender que não importa sermos de uma raça ou outra; não importa a idade que temos, pois os mais novos na carne podem ser os mais velhos no espírito.

Devemos respeitar todas as religiões que existem, pois todas cultuam um único Pai. Independente de nossas crenças, todos nós devemos ajudar uns aos outros.

**Como podemos ajudar?**

### Atividade proposta

Nessa atividade, contaremos com a ajuda dos pais. Será informada antecipadamente a intenção de arrecadar brinquedos que as crianças não usam mais e doá-los a entidades beneficentes. Podemos fazer uma campanha de doação de alimentos e junto com os pais escolher uma entidade beneficente. Essa atividade visa ao desprendimento da criança dos bens materiais e a estimula a ajudar aos mais necessitados.

**Pai Oxossi compõe a 3ª linha da Umbanda** e a vibração que ele irradia para nossa vida é o conhecimento, então, podemos dizer que Pai Oxóssi gera em si o conhecimento e o expande para todos os lados, a todos os seres.

Oxóssi significa OXO = caçador e OSSI = noturno, por isso, Pai Oxóssi é representado pelo caçador habilidoso.

Seu ponto de força na natureza são as matas. Pai Oxóssi é visto também como o Orixá da prosperidade, uma vez que ele conhece, domina e utiliza todos os mistérios existentes nas matas com sabedoria.

Sua cor é o verde e o azul turquesa.

*Saudação a Pai Oxóssi: SALVE MEU PAI OXÓSSI;*
*Oke Aro = De Seu Brado Majestade.*

**Ferramenta:** OFÁ, um arco e flecha simbolizando o caçador.

## Atividade proposta

Agora que já sabemos o quanto Pai Oxóssi é importante em nossa vida, vamos utilizar o material que recebemos (papel crepon, pedraria, papel laminado, lantejoula, folha vegetal desidratada etc. "deixe a criança usar e abusar de sua criatividade") para decorar seu ponto de força na natureza.

AS MATAS

Nome:____________________________________________

Idade:__________ Data: ____/____/______

Esta aula é dedicada ao Pai Oxóssi. Para familiarizar as crianças com as criações divinas, propomos a seguinte atividade:

## 1ª etapa: Caracterização das crianças

Serão entregues às crianças instrumentos para criação:

- Penacho = desenho para a criança pintar e recortar;
- Arco = deverá ser construído através de um bastão flexível e barbante;
- Flecha = um bastão flexível, que as crianças poderão decorar;
- As crianças serão pintadas com urucum.

**OBS.:** Devemos sempre ter cuidado em oferecer o material adequado para que não haja acidentes.

## 2ª etapa: A dança de Pai Oxóssi

Sua dança é bela e dinâmica.

Se prestarmos atenção, vamos perceber que em seus movimentos Pai Oxóssi simula uma caçada, onde ele atira flechas em todas as direções e com isso ele está querendo nos dizer que:

- Quando atira flechas para a frente, é porque está em busca do conhecimento que leva à evolução e ao encontro com o Criador.
- Gira para esquerda e atira flechas em busca de energias negativas que desvirtuam nossa evolução e nosso encontro com Pai Olorum.
- Gira para direita e atira flechas em busca de energias que nos são afins e que as perdemos por algum motivo.

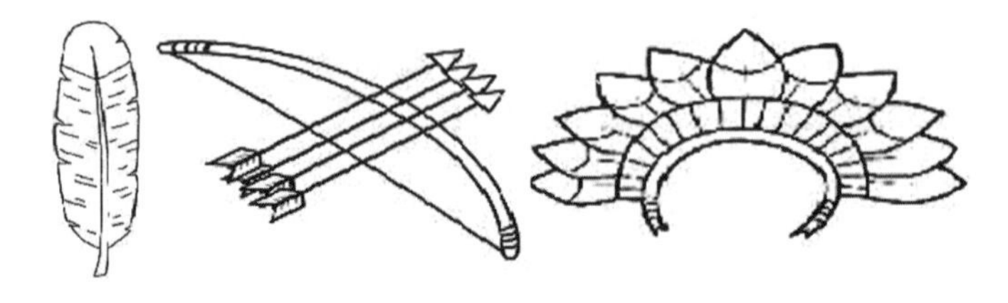

## UMBANDA, RESPEITANDO A NATUREZA

Cada dia que passa, recebemos notícias de desmatamentos, florestas sendo queimadas e derrubadas! Plantas morrendo, animais ficando sem moradia, vemos rios sendo cada vez mais poluídos, represas com nível baixo, vemos nossa água sendo desperdiçada constantemente.

### Atividade proposta

Forneceremos mudas de ervas medicinais, tais como alecrim, hortelã, poejo, melissa, capim limão e outras. Cada criança ganhará uma muda e será responsável pelo bem-estar dela.

O doutrinador deve explanar sobre a conscientização de economizar água, não demorar no banho, não deixar torneiras abertas, deverá explanar a importância de respeitar a natureza, a importância de conviver em harmonia com a Mãe Terra.

Fazer um exercício de meditação com as crianças, onde cada uma simbolize ser uma árvore. Seus pés serão suas raízes, os galhos serão os braços, e assim por diante, recomendamos colocar uma música relaxante com tambores e flautas.

> *Cada dia a natureza produz o suficiente para nossa carência. Se cada um tomasse o que lhe fosse necessário, não haveria pobreza no mundo e ninguém morreria de fome.*
>
> *Mahatma Gandhi*

> *Tendo chegado perto do limite de tolerância da mãe Terra, todas as tribos estão se unindo e acendendo novamente o cachimbo sagrado da paz, um grande fogo onde queimarão todos os ódios, racismo, limites, medos e preconceitos que nos levaram a esta situação, podendo de novo viver em paz. Que o fogo sagrado, uma vez aceso, não se apague, que a pureza da água e do ar possa beneficiar a todos*

*os seres, que a nova tribo de irmãos na paz tenha a força para acrescentar, respeito e luz a este bonito planeta azul. Que o nosso som possa ter a força do trovão, o amor da terra, a pureza de uma criança e a firmeza e a generosidade de uma irmã árvore.*

*Daniel Namkhay, 11/11/99*

Fazer um desenho que represente o que a criança sentiu na meditação ou sobre a Natureza.

Nome:________________________________________

Idade:_________ Data: ____/____/______

**Pai Xangô compõe a 4ª linha da Umbanda.** É o Senhor da Justiça Divina, e sua irradiação é o equilíbrio. Em tudo na vida deve existir o equilíbrio – quando temos coisas de menos, sentimos falta e quando temos coisas em excesso, isso nos faz mal. Quando temos excesso de fé, podemos nos tornar irracionais e nossa fé poderá se desequilibrar; quando temos pouca fé, nossas orações não chegam ao Pai OLORUM, para isso precisamos de Pai Xangô para equilibrá-la. Quando amamos demais alguém, podemos acabar sufocando aquela pessoa e quando amamos pouco, não a tratamos com o devido carinho, por isso Pai Xangô equilibra nosso amor. Mesmo o conhecimento, quando sabemos demais, não temos como aplicar tudo que sabemos, enquanto os que sabem de menos não conseguem evoluir em suas ações, e mais uma vez nosso amado Pai Xangô vem para equilibrar-nos.

Viram como este Amado Pai é importante!

*Saudação a Pai Xangô: SALVE NOSSO PAI XANGÔ; Kaô Cabecile = Permita-me vê-lo Majestade.*

Cores de Pai Xangô: Vermelho, Marrom e muitas casas também usam o Roxo.

Sua dança é com os braços cruzados sob o coração, e com os punhos cerrados, abrimos um braço de cada vez, fechando-o em seguida. Isso significa que trazemos o equilíbrio ao nosso astral e à nossa vida.

**Ferramenta:** machado duplo, (um cabo com duas lâminas, uma de cada lado), as duas lâminas sob um cabo simboliza o equilíbrio, o corte delas simboliza a ação de Xangô na injustiça.

## Atividade proposta

1. Devem ser utilizadas bexigas que, quando cheias, sejam grandes (maiores do que o normal, mas sem exagero);
2. Deve-se possuir duas bexigas por criança;
3. As crianças deverão formar dois grupos em um semicírculo, com a distância de um braço entre elas.

4. As bexigas deverão ser passadas de criança em criança, e elas passarão as bexigas entre si para que todas as bexigas possam permanecer acima da cabeça delas o maior tempo possível durante a brincadeira.
5. Enquanto as crianças seguram as bexigas no alto, será cantado um ponto para Pai Xangô, e as bexigas não podem cair antes disso.
6. O grupo que permanecer com todas as bexigas no alto durante o ponto todo vence.

**Objetivo:** Mostrar às crianças que a única forma de realizar a atividade é distribuindo as bexigas de forma equilibrada, duas para cada um, se uma criança ficar com apenas uma bexiga, outra deverá ficar com três e assim não conseguirá segurá-las acima da cabeça.

A intenção final não é que exista um grupo vencedor, por isso o instrutor deverá estimular os dois grupos a vencer, pois se nenhum grupo deixar as bexigas caírem (chegando a um empate), as crianças perceberão que, ao final, se houver equilíbrio todos vencem.

## Atividade proposta

Jogo de certo e errado – dentro das bexigas da atividade anterior haverão papeizinhos com ações escritas e ao final cada criança deverá (com calma) estourar suas bexigas e dizer se aquela ação é certa ou errada.

**Objetivo:** Avaliar o senso de justiça das crianças e estimulá-las a conhecer o que é certo ou errado.

**Atividade proposta**

Colorir as pedras em volta dos machados de Pai Xangô de acordo com a cor que sua casa oferece ao Pai Xangô.

Nome:________________________________________________

Idade:__________ Data: ____/____/______

**Pai Ogum compõe a 5ª linha da Umbanda** e a vibração que ele irradia para nossa vida é a Ordenação e a Lei, então podemos dizer que Pai Ogum gera e ordena a lei em nossa vida e seu ponto de força na natureza são os caminhos.

Sua cor é o Vermelho e o Azul Escuro.

*Saudação ao Pai Ogum: SALVE MEU PAI OGUM;*
*Ogum yê meu pai = Salve Senhor das Guerras.*

Sua dança é com os braços abertos, punhos cerrados e o dedo indicador em riste, fazendo movimentos de abrir e fechar os braços simbolizando a abertura dos caminhos.

**Ferramenta:** Pai Ogum é representado como um guerreiro e, para a realização de seus trabalhos, ele utiliza uma espada, que tem a função de cortar as energias negativas que são projetadas sobre nós; um escudo, que serve para nos proteger e também de uma lança, que serve para abrir os caminhos e apontar a direção correta que devemos seguir.

## Atividade proposta

Utilizando o lápis de cor vermelha ou azul escuro, pintar o caminho que levará Pai Ogum aos seus instrumentos de trabalho.

Pai Ogum está indo buscar suas ferramentas de trabalho.
Vamos ajudá-lo!

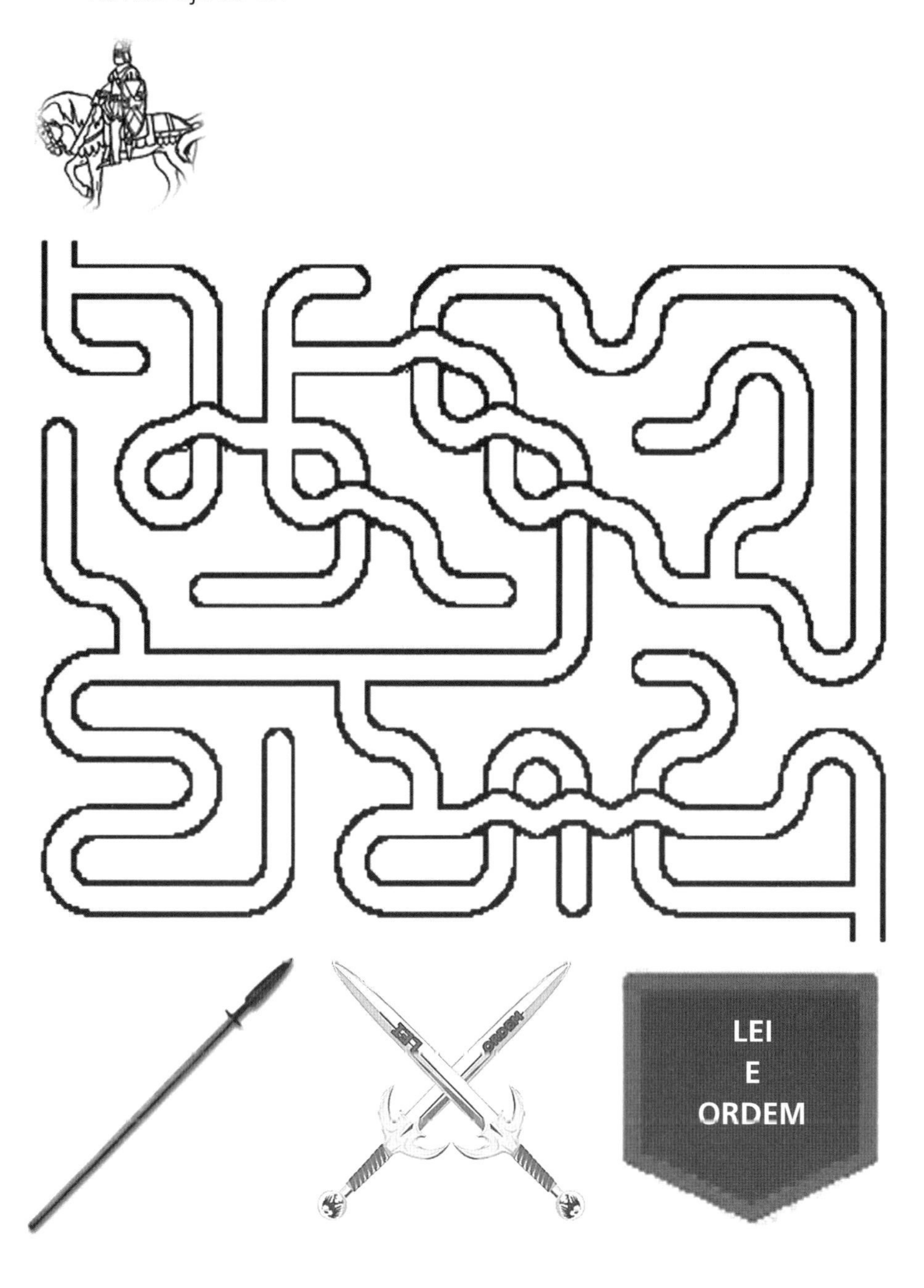


Nome:________________________________________________
Idade:__________ Data: ____/____/______

**Pai Obaluaiê compõe a 6ª linha da Umbanda** e a vibração que Ele irradia para nossa vida é a transmutadora, a evolução. Pai Obaluaiê é o senhor das passagens de toda a Criação, sendo assim Ele conhece todos os mundos e conhece a cura para todos os males e irradia de Si, energias curadoras.

Pai Obaluaiê é representado por um ancião coberto de palhas! Podemos dizer que essas palhas são as chaves de todas as passagens da Criação.

> *Saudação ao pai Obaluaiê: SALVE NOSSO PAI OBALUAIÊ; Atotô Obaluaiê = Dê me tranquilidade meu Pai.*

Sua cor é a violeta ou preto, branco e vermelho.

Seu ponto de força é o cruzeiro do cemitério, onde a cruz representa a passagem de um plano para o outro.

Sua dança simboliza um ancião encurvado com as mãos fechadas, punho cerrado, mão esquerda abaixo da mão direita, uma em cima da outra! Com passos lentos para frente e para trás vamos fazendo cruzes com as mãos, simbolizando a abertura das passagens regidas por este pai amado.

**Ferramenta:** na Umbanda sua ferramenta é a toalha branca, nos cultos afros é o xaxará (ferramenta constituída de palhas da costa e búzios, usado para afastar doenças).

## Atividade proposta

A transmutação é algo divino e é através de nossa transformação interna que podemos evoluir!

Em uma folha à parte, vamos pedir para as crianças colocarem tudo o que elas acham de ruim que acontece com o mundo. Em outra folha, elas deverão escrever ou desenhar o que pode ser feito para melhorar, com a ajuda dos doutrinadores que podem indagar às crianças ainda não alfabetizadas.

Concluindo essa atividade, podemos sugerir que as crianças perguntem aos seus pais o que eles gostariam que elas (crianças) mudassem em seu comportamento.

A intenção dessa atividade é conscientizar as crianças de que sempre podemos mudar, basta querermos e termos boa vontade.

**Atividade proposta**

Vamos colorir o cruzeiro de Pai Obaluaiê.

Nome:______________________________________________

Idade:__________ Data: ____/____/______

**Mãe Iemanjá compõe a 7ª linha da Umbanda** e a vibração que ela irradia para nossa vida é a geração; então podemos dizer que Mãe Iemanjá é geradora da criatividade e seu ponto de força na natureza é o Mar.

*Saudação à mãe Iemanjá: SALVE NOSSA MÃE IEMANJÁ; Adoci Yaba = Salve Senhora das Águas.*

Sua cor é o azul claro, branco cristal e prata.

Sua dança é com as mãos espalmadas para baixo fazendo semicírculos para dentro e para fora, simbolizando a geração de todas as vidas criadas.

**Ferramenta:** são adornos construídos em prata, latão, etc., na forma de peixe, âncora, conchas, estrelas-do-mar e toda forma de vida marinha. Há também um aro com 7 estrelas que significa a geração da vida nas 7 Linhas de Umbanda.

## Atividade proposta

Faça um desenho do mar, o ponto de força na natureza de Mãe Iemanjá.

O MAR

Nome:______________________________________________

Idade:__________ Data: ____/____/______

## Atividade proposta

Ligue as formas de vida que pertencem ao ponto de força de Mãe Iemanjá (utilize um lápis na cor de Mãe Iemanjá).

Nome:____________________________________________________
Idade:__________ Data: ____/____/______

# UMBANDA, RESPEITO À NATUREZA E À EDUCAÇÃO AMBIENTAL

## Atividade proposta

Vamos dialogar com as crianças sobre a praia, as matas, os parques verdes e até mesmo sobre nossas ruas. Vamos montar um questionário simples:

1. Quando vocês vão a praia, matas, parques, vocês comem alguma coisa como lanche ou sorvete?

Se a resposta for sim, siga com o questionário; se não, pule para a questão número 3

2. Vocês carregam consigo um saquinho de lixo?

Se a resposta for sim, parabenizar a criança; se for não, siga com o questionário.

3. Vocês já jogaram lixo no chão ou na rua de sua casa, na rua da escola ou em qualquer rua?

Ao jogar o lixo na praia, nas matas, nas cachoeiras, nos parques verdes, estamos ajudando a poluir nossas águas, a poluir a natureza e em toda a natureza existe vida. Ao jogar lixo na rua, estamos ajudando a ter enchentes que podem prejudicar muitas pessoas e além disso esse lixo vai parar num rio ou no mar, poluindo assim a natureza.

Caberá ao doutrinador explanar a importância de respeitar a Natureza.

> *A natureza criou o tapete sem fim que recobre a superfície da terra. Dentro da pelagem desse tapete vivem todos os animais, respeitosamente. Nenhum o estraga, nenhum o rói, exceto o homem.*
>
> *Monteiro Lobato*

> *Quando a última árvore tiver caído, quando o último rio tiver secado, quando o último peixe for pescado, vocês vão entender que dinheiro não se come.*
>
> *Greenpeace*

# CAPÍTULO 5
# AS SETE LINHAS DA UMBANDA

Descrevemos no capítulo anterior 7 Pais e Mães Orixás, que junto com outros pais e mães Orixás formam as 7 Linhas de Umbanda.

Cada par de Orixás representa uma Vibração de Pai Olorum, irradiada para toda a Sua Criação. E através de Suas vibrações irradiadas forma o Setenário Sagrado da Umbanda, que são as 7 linhas de Umbanda:

**1ª linha de Umbanda: Fé**
**2ª linha de Umbanda: Amor**
**3ª linha de Umbanda: Conhecimento**
**4ª linha de Umbanda: Justiça**
**5ª linha de Umbanda: Lei**
**6ª linha de Umbanda: Evolução**
**7ª linha de Umbanda: Geração**

As 7 linhas de Umbanda são descritas de formas diferentes em muitos terreiros, mas isso não tem importância!

O que importa é que as vibrações de Pai Olorum estão em todos os terreiros, pois todos louvam as 7 Linhas de Umbanda.

Agora que já conhecemos os Orixás, seu ponto de força na natureza, sua cor, sua saudação e sua dança é momento de aprendermos um ponto que louva os orixás de Pai Olorum, as 7 Linhas de Umbanda.

É preciso ensaiar este ponto para apresentação em uma gira de sexta-feira (esta será a 1ª apresentação do grupo).

**_Arco-íris da criação_**

*Oxum rosa do meu coração*
*Oxóssi verde da sabedoria*
*Ogum que é o vermelho*
*A lei da vazão*
*Xangô, Xangô...*
*Marrom que a justiça irradia*
*São sete cores do Arco-Íris*
*Emanado por Pai Olorum*
*Todos têm lá sua vez*
*E agora faltam três*
*Violeta é mais um*
*Obaluaiê nos ensina*
*A evolução não fica pra depois*
*E agora faltam dois*
*O azul da cor do mar*
*É Iemanjá a vibrar, a vibrar.*
*Gera a vida em cada um*
*E agora falta um*
*É o branco da sustentação*
*A Fé de Pai Oxalá, Oxalá!*
*Vem na Umbanda completar*
*O Arco-Íris da Criação*
*É o branco da sustentação*
*A Fé de Pai Oxalá, Oxalá!*
*Vem na Umbanda completar*
*O Arco-Íris da Criação*

*Rosí e Ivan Goddoy*

# CAPÍTULO 6
# EXU, POMBA GIRA E EXU-MIRIM

Agora que já sabemos o que são as 7 Linhas de Umbanda, temos que entender quem são os seus protetores, quem recebe as mensagens dos seres humanos e as levam até os Orixás.

## SR. EXU

*LAROYÊ EXU!(SALVE SUAS FORÇAS, E OLHE POR MIM EXU)*

*EXU OMOJUBA! (EXU É FORTE E PERANTE SUAS FORÇAS EU ME CURVO)*

Pai Olorum criou o mundo e para ajudá-lo criou os Pais e Mães Orixás. Mas, como já estudamos antes, os Pais e Mães Orixás são forças de Deus e essas forças de Deus não nos falam diretamente.

Como Eles poderiam então trazer mensagens para nós?

Foi aí que Pai Olorum, do vazio que Ele mesmo criou, nos enviou um mensageiro.

O Sagrado Orixá Exu, que a partir dele mesmo criou os Exus Naturais e esses os Exus de trabalho, todos sobre a regência do próprio Orixá Exu.

Exu é tido como o Orixá detentor da virilidade, da potencialização.

Eles nos trazem mensagens de Pai Olorum e dos nossos amados Orixás.

Os Exus são mensageiros e também nossos protetores. Ajudam a manter a ordem em nossa vida. São fortes, felizes, alegres e trazem a força para enfrentarmos as dificuldades.

São bons e não querem ver ninguém fazendo nada de errado. Por isso, cuidam de nós como guardiões que são dos mistérios de Pai Olorum.

Eles cuidam das leis junto com Pai Ogum.

Pai Ogum é a Lei de Deus e seus soldados são os Srs. Exus.

Suas cores são:

- Preto: Resultado do processo natural, representa o interior da matéria geradora que é totalmente preto.
- Branco: Representa a existência genética que ele herdou de seu Pai Olorum, reflete todas as cores e está em todas as realidades dos Orixás, absorvendo o negativismo existente.
- Vermelho: é o resultado da uma inteiração, representa o fogo (transformação = movimento), representa o sangue que dá a vida.

**Sua ferramenta:** é o tridente reto, representa as suas ações: desvitalizando, neutralizando e vitalizando.

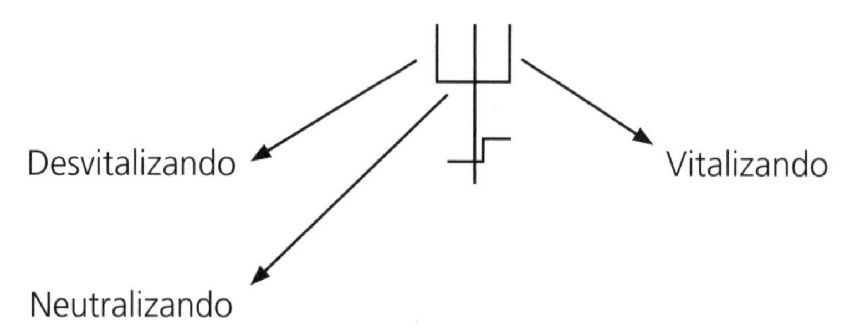


## Curiosidades

Conta uma lenda de nossa religião que, quando os africanos foram trazidos para o Brasil, começaram a fazer analogia aos santos católicos com os Orixás, porém, não encontraram nenhum santo católico que pudesse representar Exu. Fizeram então um boneco de barro, e colocaram nele um capacete que mais parecia um chifre. O homem branco, ao ver esse boneco, pensou que fosse um demônio, ficou com medo e não chegava perto desse boneco!

Os africanos então começaram a fazer bonecos de Exu com chifres para assustar e não permitir que o homem branco chegasse perto da imagem de Exu.

## Atualidade

Se no passado esse desfecho fez com que as imagens e forças de Exu protegessem os africanos, hoje em dia isso faz mal à religião, pois muitas pessoas pensam que Exu é o demônio, sentem medo Dele e não se aproximam da Umbanda por desconhecer a verdade.

Devemos saber que os Exus são espíritos de luz a serviço de Pai Olorum e precisamos acabar com essa visão deturpada que muitos têm de Exu.

**P.S.:** Caberá ao doutrinador elaborar uma mensagem de acordo com a faixa etária de cada criança! O doutrinador, se possível, deve convidar os pais a participarem dessa aula.

## LOUVOR DE EXU AOS ORIXÁS

Exu na terra é quem manda, exu no fogo quebra-se demanda.

Na água roga a **Oxalá** e a **Iemanjá** para nunca mais penar.

No ar pede a **Iansã** que eleve seu espírito em sua evolução.

Das pedreiras, **Xangö** sempre observa os meus caminhos, quando olho para trás vejo **Sr. Ogum** colhendo as dádivas dos caminhos de quem trilhei para o bem e fechando os caminhos de quem trilhei para o mal, quando olho para a frente vejo novamente **Sr. Ogum** com os braços abertos a me esperar.

**Oxóssi** meu real sabedor, doa sua sabedoria e todo seu conhecimento para que eu atinja minha evolução, recebendo ordens de **Sr. Omolu** e **Sra. Nanã** em seu campo de atuação.

**Os pretos velhos**, com sua sabedoria e paciência milenar, ensinam-me o amor de **Oxum** para que eu passe aos meus consulentes que sigam com amor, fé, justiça, lei, sabedoria, e que gerem a partir desses dons o sentido de maternidade ou amor à vida para que atinjam sua evolução em busca de seu encontro com o **Criador**.

Eu, **Exu**, na linha de Umbanda atuo sobre todos que me respeitam, pois estas são as ordens de **Sr. Ogum** orixá que na linha de Umbanda me comanda.

***Exu de Umbanda***

*Mensagem recebida em 22/11/2003 por Paulo S. Ludogero*
*T.U. Santa Rita de Cássia / N. U. M.*
*Caboclo Flecha Certeira e Pai Manuel de Arruda*

## Atividade proposta

Vamos fazer uma encenação sobre como os Srs. Exus atuam.

Uma das crianças representará Pai Olorum. A outra criança será Exu e uma outra será Pai Ogum. O doutrinador apenas orientará.

Na sequência, o doutrinador fará um pedido ao Sr. Exu, escrevendo esse pedido num pedaço de cartolina para que todos vejam.

A criança que representa Exu levará esse recado a Pai Ogum, e Pai Ogum levará a Pai Olorum.

Sendo assim, o pedido irá ser concedido ou não de acordo com o comportamento do doutrinador.

Se o doutrinador merecer, será atendido; se não for merecedor, não.

**Sugestão:** confeccionar uma capa com papel crepom preto, uma cartola de papelão e um tridente de material flexível para representar o Sr. Exu.

Somente a criança que estará representando Exu e o orientador poderão falar durante a atividade.

A criança que representa Pai Ogum falará apenas com a criança que representa Pai Olorum.

Poderão ser feitos vários pedidos na cartolina, tanto de coisas boas quanto de coisas más, de acordo com os conceitos de certo e errado a serem atingidos.

Por exemplo: posso pegar algo que não me pertence? Pergunto ao Sr. Exu: O Sr. me ajuda? Então, Exu leva o pedido e este é negado.

Quero que meu amigo repita de ano? O Sr. me ajuda? Exu leva o bilhete e é negado.

Sempre respeitando conceitos de certo e errado, sendo que, para o errado, Sr. Ogum e Pai Olorum devem sempre negar de forma rígida.

## SENHORAS POMBAS GIRA

*LAROYÊ Pomba Gira! (SALVE SUAS FORÇAS, E OLHE POR MIM MINHA SENHORA)*

*POMBA GIRA OMOJUBA! (POMBA GIRA É FORTE E PERANTE SUAS FORÇAS EU ME CURVO)*

As Sras. Pombas Gira foram trazidas para Umbanda por ordem de Pai Olorum, pois vivíamos numa sociedade machista onde os homens desprezavam as mulheres e não tinham respeito por elas.

Pomba Gira, enquanto Orixá, surgiu com a missão de ajudar Exu, em sua missão de levar a mensagem aos Orixás, mas ajudar lado a lado e não atrás de Exu, impondo respeito e exemplo a ser seguido pelos homens.

A Orixá Pomba Gira criou as Pombas Gira Naturais, e essas as Pombas Gira de Trabalho.

A Pomba Gira é tida como a Orixá do desejo que devolve a vida aos seres e o desejo de viver, de estudar, etc.

Elas são alegres, bonitas e muito femininas. São sábias e sempre têm uma palavra de carinho que nos transmite alegria. Mas o fato de serem alegres não significa que estão brincando; contudo, em suas brincadeiras, nas danças e giros está a sua força espiritual. Algumas trabalham de forma séria, mas todas vêm com uma única missão – ajudar as pessoas com problemas diversos, trazendo o amor e alegria de volta para suas vidas.

**Respeitar as Pombas Gira é também respeitar as mulheres...**

*A mulher é um efeito deslumbrante da natureza.*

*Arthur Schopenhauer*

Suas cores são:

- Preto: Resultado do processo natural, representa o interior da matéria geradora que é totalmente preta.
- Branco: Representa a existência genética que ele herdou de seu Pai Olorum, reflete todas as cores e está em todas as realidades dos Orixás, absorvendo o negativismo existente.
- Vermelho: é o resultado de uma inteiração, representa o fogo (transformação = movimento), representa o sangue que dá a vida.
- Dourado: representa a vaidade, riqueza, amor.

**Sua ferramenta:** O Tridente curvo representa as suas ações: vitalizando, neutralizando e desvitalizando.

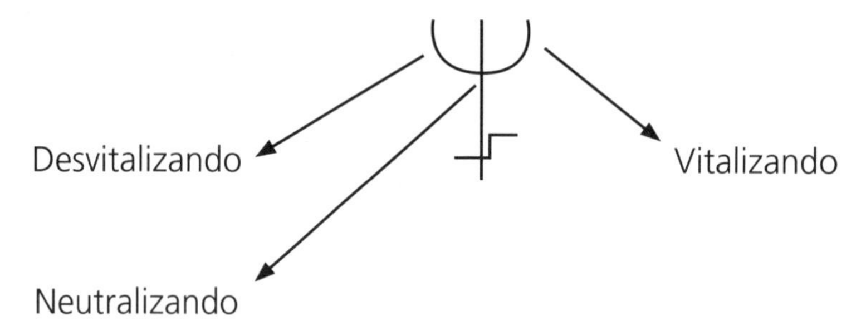


As Pombas Gira, por representarem o desejo, têm como símbolo uma rosa vermelha que simboliza a paixão e o amor pela vida.

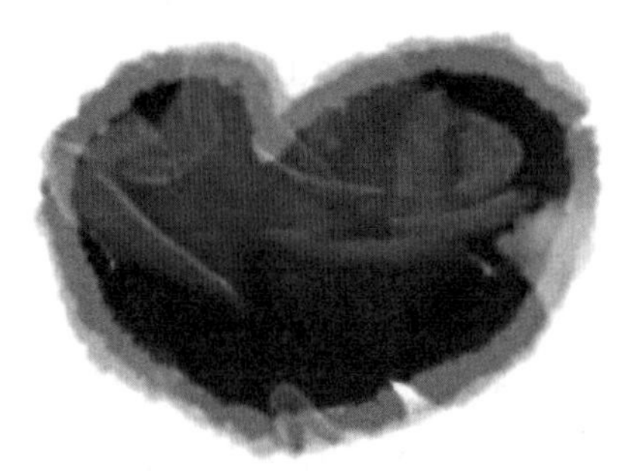

## Atividade Proposta

Confecção de uma caixinha para porta-joias em artesanato pintada com tinta de artesanato.

## Atividade Proposta

Vamos pintar o desenho abaixo, mas a rosa tem que ter a cor do símbolo de Pomba Gira.

Nome:____________________________________________

Idade:__________ Data: ____/____/______

## EXU-MIRIM

*LAROYÊ EXU-MIRIM! (SALVE SUAS FORÇAS, E OLHE POR MIM EXU-MIRIM)*

*EXU-MIRIM OMOJUBA! (EXU É FORTE E PERANTE SUAS FORÇAS EU ME CURVO)*

Os Exus-Mirins são seres encantados que nos transmitem muita alegria. Eles também nos ajudam muito quando pedimos.

São corajosos e não têm medo do perigo.

***"Eu vou ajudar e descomplicar"***, assim eles trabalham.

São considerados as crianças da esquerda na Umbanda, mas, embora possam parecer bagunceiros, são muito obedientes às Leis.

Assim como todas entidades, devemos tratá-los com respeito, mesmo que para nós possa parecer que eles estejam brincando. Trabalham muito e sempre estarão dispostos a nos defender dos perigos.

São guardiões da Lei, assim como os Srs. Exus e as Sras. Pombas Gira.

Eles não são filhos dos Exus e das Pombas Gira como muitos pensam, mas sim seres encantados que vão nos ajudar a evoluir dentro das Leis de Pai Olorum com alegria e muita disposição.

*Exu-Mirim vem brincar nesta casa*
*Exu-Mirim vem brincar neste Orixá*
*Sr. Calunguinha, Pimentinha vem brincar*
*Com essa turma eu sei que vou vibrar.*

*Renan Ludogero*

### Atividade Proposta

Tema Livre para as crianças decidirem a brincadeira que elas farão, pode ser desenho ou qualquer dinâmica ou atividade já feita.

A vibração de Exu-Mirim é a alegria que eles nos trazem nas brincadeiras, palavras de alegria e coragem.

Vamos ser corajosos e alegres!

**Exu, Pomba Gira e Exu-Mirim:** formam o triângulo de forças da esquerda dos Orixás, e tem em seu Mistério Maior EXU, POMBA GIRA E EXU-MIRIM (ORIXÁS) os sustentadores de suas linha de Trabalho.

Exu, enquanto Orixá, é o Guardião do lado negativo dos pontos de força da natureza e irradia para toda a criação, criando uma linhagem pura e natural de Exus, que são denominados Exus Naturais e estão distribuídos nas 7 linhas de Umbanda.

Esses Exus Naturais nunca encarnaram e atuam ao lado da Divindade sob o amparo da Lei.

Exu, enquanto elemento religioso, atua como esgotador de carmas individuais e como vitalizador ou esgotador da religiosidade das pessoas.

Exu, enquanto elemento mágico, só é ativado ou desativado se devidamente pago com oferendas rituais.

Exu, enquanto linha de trabalho, está aprendendo a usar os instrumentos colocados à sua disposição e vão se aperfeiçoando e acelerando sua evolução. Eles tomam a defesa de seu médium quando algo ou alguém os está prejudicando.

No aspecto geral, Exu rege sobre a sexualidade dos seres e no particular sobre o vigor sexual. Mas se Exu transpira vigor por todos os sentidos da vida, não vibra o fator estímulo, desejo. Por não vibrar este fator, se polariza com Pomba Gira.

Pomba Gira, enquanto Orixá, irradia o tempo todo o fator desejo; ao lado de Exu é a guardiã do lado negativo dos pontos de força da natureza e irradia para toda a criação seu mistério Divino, criando uma linhagem pura e natural de Pombas Gira, que se dividem e atuam na vida dos seres, igualmente ao Exu Natural, e age igual e magicamente aos Exus e com a mesma linha de trabalho.

No aspecto geral, a Pomba Gira rege sobre o desejo dos seres e em particular sobre o desejo sexual, porém não vibra vigor e por isso se polariza com Exu, tornando-se, um para o outro, indispensáveis.

Mas se Exu rege o vigor e Pomba Gira o desejo, do lado negativo dos pontos de força da natureza, onde tudo se complica, é necessário ter o fator descomplicador... Surgindo assim Exu e Pomba Gira Mirins.

Exu-Mirims são seres encantados da natureza, assim como os Erês, criados pelo Orixá Exu-Mirim.

Os Erês atuam à direita dos Orixás, os Exus-Mirins à esquerda dos Orixás. Diferente de Exu e Pomba Gira, Exu-Mirim atua na vida dos seres descomplicando a evolução, o caminho evolutivo dos seres, e complicando a vida do ser que se desvirtuou dos desígnios de Deus. Trabalham sob o amparo da Lei, assim como Exu e Pomba Gira.

No aspecto religioso, complicam os caminhos daqueles que se viciam na fé e descomplicam os caminhos daqueles que voltaram seus pensamentos a Deus.

No aspecto mágico, atua como Exu e Pomba Gira quando devidamente oferendados.

Exu, Pomba Gira e Exu-Mirim são guardiões dos pontos de força, grandes defensores da Umbanda e de seus médiuns.

Quem está sob o amparo de um Exu de Lei sempre é avisado disso ou intui ações contrárias ao médium ou terreiro de Umbanda.

Sempre são oferendados e ativados primeiro para acelerar as energias necessárias e levar todo o contexto dos trabalhos a serem realizados aos Orixás. Daí a lenda de que Exu é o mensageiro dos Orixás. São responsáveis pelo início, meio e término dos trabalhos espirituais.

Antes de abrir um trabalho de Umbanda, é necessário sempre firmar Exu, Pomba Gira e Exu-Mirim em suas tronqueiras ou casas de Exu.

# CAPÍTULO 7
# HINOS

*Um hino, seja qual for, deve ser cantado de forma respeitosa, sem brincadeiras! Ao seu término, devemos continuar com postura de respeito e não bater palmas para o hino.*

## HINO DA UMBANDA

Tão importante quanto sabermos cantar o Hino da Umbanda é sabermos suas origens.

Apesar de o Hino da Umbanda retratar tão bem o que a nossa religiao prega (Paz e Amor), ainda sao poucos os umbandistas que conhecem sua origem, já é hora de começar a mudar esta história...

Tudo começou na década de 1960, quando um deficiente visual em busca de sua cura foi procurar a ajuda do Caboclo da Sete Encruzilhadas.

Infelizmente, ele não conseguiu sua cura, pois sua doença era de origem cármica, porém, ele se apaixonou pela religião de tal maneira que fez o Hino (letra e música), para mostrar que a partir de seu contato com a Umbanda ele passou a "ver" o mundo e a religião de outra maneira.

Ao apresentar sua música ao Caboclo da Sete Encruzilhadas, este gostou tanto do que ouviu que resolveu apresentá-la como Hino da Umbanda e, finalmente, em junho de 1961, durante o 2º Congresso Brasileiro, que foi presidido pelo então Presidente Nacional Sr. Herinque Landi Júnior, onde estava presente cerca de quatro mil médiuns uniformizados, oficializou-se a música composta por José Manuel Alves, um português de Monções nascido em 1929, como o Hino Oficial da Umbanda.

***Hino da Umbanda***

*Refletiu a luz divina*
*Com todo seu esplendor*
*vem do reino de Oxalá*
*Onde há paz e amor*
*Luz que refletiu na terra*
*Luz que refletiu no mar*
*Luz que veio de Aruanda*
*Para tudo iluminar*
*Umbanda é paz e amor*
*O mundo cheio de luz*
*É a força que nos dá vida*
*e a grandeza nos conduz.*
*Avante filhos de fé,*
*Como a nossa lei não há...*
*Levando ao mundo inteiro*
*A Bandeira de Oxalá!*

*José Manuel Alves*

## HINO DO AXÉ-MIRIM

A pedido dos dirigentes do Núcleo Umbandista e de Magia Caboclo Flecha Certeira e Pai Manuel de Arruda, um casal de filhos da casa, sob inspiração dos Pais e Mães Orixás, intuíram o hino a seguir:

*O Axé-Mirim chegou, chegou*
*Com os Orixás de Oxalá a brilhar, a brilhar*
*Para as crianças ensinar a Olorum se religar*
*E as famílias irmanar*

*Vamos aprender que a natureza é perfeita*
*E devemos preservar*
*Que nos dá tanto sem pedir nada de volta*
*Que linda e simples esta troca*

*Equilibrar as nossas vidas com muita ordenação*
*Todos somos iguais perante o pai*
*E pra receber temos que dar*
*Com todo nosso coração*

*Vou conhecer os pais e mães orixás*
*Que nos ajudam a caminhar para a evolução*
*Gerando em nós a direção*

*Ainda sou pequeno mas também vou evoluir*
*Agradeço a Oxalá pelo nosso Axé-Mirim*

# CAPÍTULO 8
# RITUALÍSTICA

## O FUMO NA UMBANDA

**A intenção desta aula é de conscientizar as crianças de que a Umbanda não faz apologia ao tabagismo.**

O que é o fumo na Umbanda?

Antes de responder essa questão, vamos entender o que significam as palavras abaixo:

Fumo: é a combustão de gazes (fumaça) na atmosfera, é o ato de fumar.

Tabagismo: é o ato de consumir elementos (cigarro, charuto, etc.) que contêm nicotina.

Nicotina: é um composto orgânico encontrado no tabaco, essa substância causa o vício nas pessoas que a consomem, causando dependência física e psíquica, também contém células cancerígenas e as pessoas que fumam estão propícias a adquirir esta doença.

Plantação de fumo

Fumo seco e enrolado, pronto para consumo

O fumo na Umbanda é usado pelas entidades de trabalho como um instrumento de trabalho, ou seja, um defumador individual!!! A entidade que faz uso do fumo não traga, ou seja, não engole a fumaça e não solta pelas narinas, ela puxa a fumaça, enche a boca e assopra na direção do consulente ou objeto, no ar a sua volta, purificando-o; sendo assim, o fumo na umbanda é um defumador individual.

Sabemos que o tabaco é a planta que dá origem aos cigarros, charutos e é usado em cachimbos.

Podemos fazer um "preparado" para cachimbo com ervas medicinais. Sendo assim, não haverá problemas de saúde em quem fizer uso deste fumo.

## A UMBANDA E A QUESTÃO AMBIENTAL

### Atividade Proposta

Com mudas de sálvia, alecrim, hortelã ou menta, ensinaremos as crianças a fazer este plantio em garrafas *pet*.

Após a colheita, devemos colocar as ervas em saquinho de papel, pendurá-las sob o sol e à noite recolhê-las para não tomar o sereno da noite, não umidificando assim as ervas! Após alguns dias de sol as ervas estarão secas.

Faremos o fumo, já com as ervas secas, socando 5 partes de sálvia, 2 partes de alecrim, 1 de hortelã ou menta e daremos às crianças para ofertar aos pretos velhos da casa onde frequentam.

Alecrim

Sálvia

Hortelã

Menta

## DEFUMAÇÃO

**A intenção desta aula é de ensinar as crianças como funciona, do lado espiritual, a defumação e sua importância.**

A defumação realizada antes do início dos trabalhos espirituais tem a função de purificar o templo, a corrente mediúnica, a assistência. No ato da defumação o sacerdote ou um médium designado pelo sacerdote pede para que todas as cargas negativas de quem ele está defumando sejam diluídas. É importante que quem está sendo defumado entre em sintonia com o sacerdote e peça também para que as cargas negativas contidas em seu astral sejam diluídas.

Quem está sendo defumado dá um giro completo de 360° em sentido anti-horário. Esse sentido significa tirar, extrair, expulsar para o espiritual as energias negativas, para que a fumaça emitida pela defumação as envolvam em sua energia eólica e as diluam completamente.

A defumação é um preparo de ervas, onde algumas tem a função de expulsar energias negativas e outras a função de reequilibrar o astral de quem está sendo defumado. Todas são misturadas e acondicionadas em um recipiente. Com um instrumento chamado turíbulo, com brasas em chama, as ervas são depositadas sob as brasas e, ao se queimarem, a fumaça consagrada começa a realizar o trabalho de purificação.

### Atividade Proposta

Material: ervas secas, punhados de arruda, guiné, alecrim, incenso, mirra, alfazema e sálvia, uma gamela média.

Para fazer a mistura de defumação, colocaremos as crianças em círculo.

O doutrinador já estará com as ervas despejadas na gamela e entoará um canto de defumação; ele irá misturar as ervas com os pensamentos a Deus e aos Orixás, após misturá-las bem, a gamela será passada de criança em criança para que elas possam tocar a mistura e se envolver com a energia.

Após todas as crianças terem entrado em contato com as ervas, o doutrinador saúda o ponto, eleva a gamela acima da cabeça e consagra a defumação ao Pai Olorum, aos Orixás e à Mãe Jurema, que é a guardiã das matas de pai Oxóssi, de onde foram extraídas as ervas que estão secas.

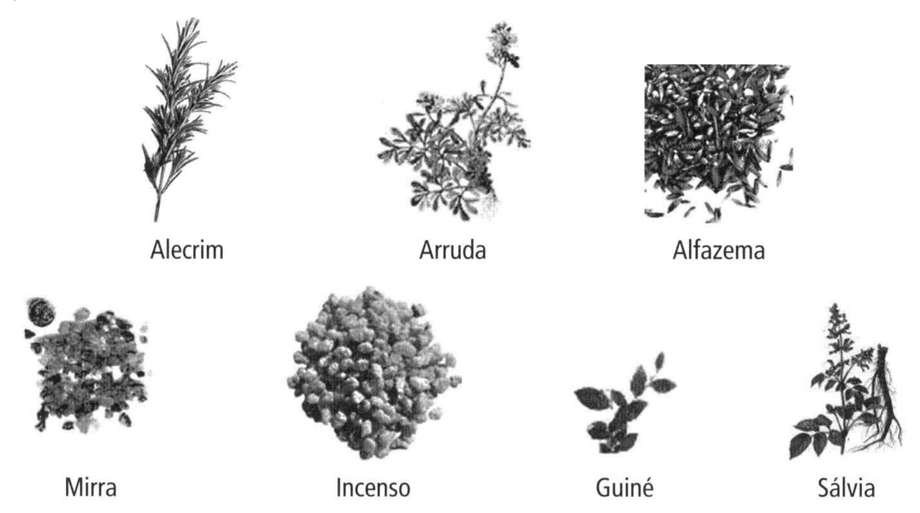


## A UMBANDA E A QUESTÃO AMBIENTAL

### Atividade Proposta

Com latas alumínio de tamanho médio para pequeno, pedaços de arame, argolas de chaveiro quebrado, construiremos um turíbulo. Essas latas podem ser de *toddy*, leite em pó, etc. Ao invés de jogar essas latas no lixo e agredir o meio ambiente, construiremos turíbulos.

Faremos furos na lata embaixo e nas laterais perto da borda, passaremos as argolas nos furos da borda e amarraremos o arame, fazendo uma alça para segurar;

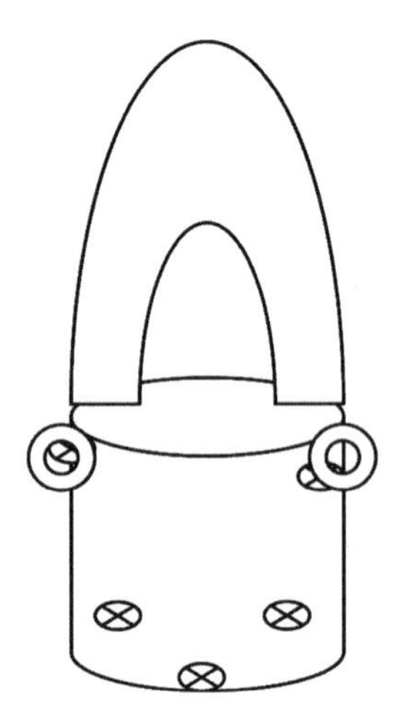

Com a defumação preparada pelas crianças, faremos uma defumação com este turíbulo.

**Ponto de defumação**

*Vou apanhar arruda*

*Folhas de guiné (bis)*

*Vou defumar Umbanda, defumar filhos de fé (bis)*

*Paulo Ludogero*

## BANHOS COM ERVAS

**A intenção desta aula é de ensinar às crianças a importância de se preparar para um trabalho espiritual.**

Na Umbanda, sempre ouvimos algumas entidades receitarem banhos com ervas para os consulentes e até mesmo para os médiuns da corrente. Sendo que os médiuns da corrente sempre tomam banhos com ervas para se protegerem, se equilibrarem e se prepararem para os trabalhos espirituais.

Devemos informar as crianças que a função das ervas é fazer uma limpeza do lado espiritual de cada pessoa. Durante a semana, na escola, no trabalho, no nosso dia a dia, passamos por situações que não nos agradam e nos deixam tristes; com essa tristeza, fazemos com que espíritos que também estão tristes se aproximem de nós.

Quando tomamos o banho com as ervas, o espírito que está triste também recebe esse banho, é curado e levado para o seu lugar de merecimento pelos guias espirituais.

## Atividade Proposta

**Material:** bacias pequenas ou médias (número igual ao de crianças); ervas verdes (alecrim, arruda, guiné, lavanda, espada-de-são-jorge, manjericão branco e rosas brancas); garrafas *pet* e água mineral.

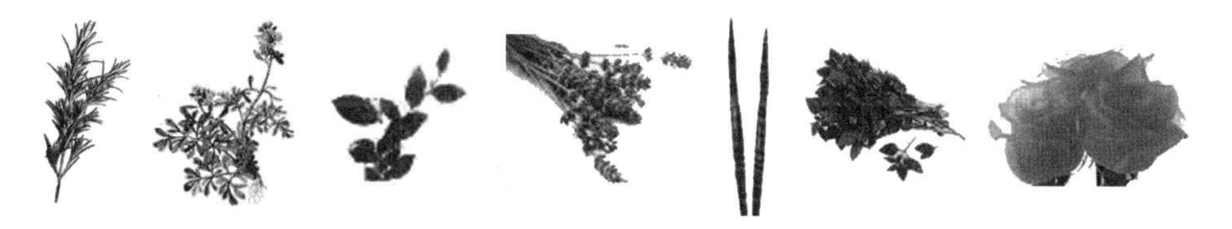

Pedir para as crianças para trazerem garrafas *pet* com tampa etiquetadas com seu nome.

O **doutrinador** colocará as crianças em círculo, no meio ele deixará todas as ervas verdes separadas por qualidade, fornecerá bacias com água e pedirá as crianças que peguem um pouco de cada erva e comece a macerar (amassar) na água, sempre fazendo pedidos de ordem positiva (saúde, paz, prosperidade, pedir para ir bem na escola, etc.). A criança deve nesse momento se concentrar e pedir ao Orixá Oxossi e à Mãe Jurema, a senhora da terra e das matas de Pai Oxóssi, que abençoem seu banho.

Após as crianças concluírem a atividade, o **doutrinador** com auxiliares colocará o banho de cada uma das garrafas *pet*, para que as crianças levem para casa.

O doutrinador orienta as crianças para primeiro tomarem seu banho de higiene, despejar o banho de ervas em uma bacia e com a própria água do chuveiro aquecer o banho o suficiente para despejar em seu corpo.

A criança deve nesse momento se concentrar e pedir ao Pai Oxóssi e à Mãe Jurema que abençoem seu banho, despejando-o no corpo do pescoço para baixo. Após o banho a criança, já vestida, entra em postura de oração e ora ao seu anjo de guarda.

## CANTO, PALMAS E ATABAQUES

### O canto

O canto na Umbanda é utilizado em todos os terreiros. Costumamos chamá-los de pontos cantados.

O ponto cantado é realizado para todos os atos durante uma gira espiritual. São cantados para começo, meio e fim dos trabalhos. Sua importância é muito grande, pois os pontos cantados são verdadeiras preces, verdadeiras orações. Todos têm um significado, seja de pedido, de agradecimento, de coroação, de obrigação ou outros significados.

Por mais estranho que um ponto possa parecer, ele terá uma interpretação.

**Exemplo:**

*Pai Olorum dividiu aos Orixás*
*A natureza ao criar*
*A Oxum entregou a cachoeira*
*A Xangô as pedreiras*
*E o mar a Iemanjá*
*A Oxóssi deu as matas*
*A Ogum a estrada*
*A tempestade para Iansã girar*
*A Oxalá deu a lei maior*
*Para olhar pelos Orixás (bis)*

***Rosemary Campos de Lima***
*Médium da Tenda de Umbanda Santa Rita de Cássia*

## Interpretação

Quando Deus criou o mundo, foi dando um função para cada Pai e Mãe Orixá. Cada um é responsável e transmite uma das forças da natureza e da criação. Podemos identificar nesta letra o que foi dado a alguns deles e sua função na criação.

E assim é com todos os pontos cantados, todos têm uma interpretação. Não podemos mudar as letras de um ponto, principalmente quando é trazido por um guia espiritual. Temos que respeitar a letra, pois é uma oração e como tal tem poder de ação.

O sacerdote, quando necessário, solicita a curimba[3] que entoem cantos direcionados. Podemos citar como exemplo: Cantando pontos de Pai Ogum, a ordem retorna ao terreiro.

### Canto

*Eu canto, eu bato palma*
*Quando o atabaque soa do meu lado*
*Eu canto com alegria*
*Se eu pudesse cantava todo dia*

## Atividade Proposta

As crianças deverão escolher um ponto cantado de sua preferência, serão separadas em grupos e com o auxílio da curimba do terreiro elas irão entoar o ponto cantado escolhido.

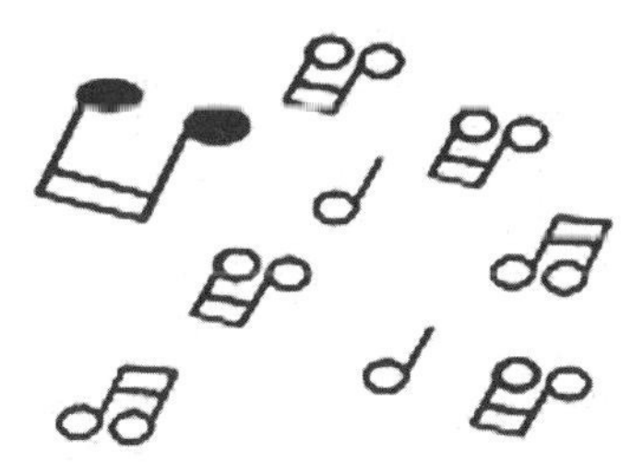

3 São as pessoas que tocam os atabaques e que cantam dentro do terreiro de Umbanda.

## Palmas

As palmas batidas de forma harmônica e ritmada com o canto movem uma energia que envolve os médiuns, os consulentes, diluindo todas as cargas negativas emocionais ou não agregadas no astral da pessoa.

É também uma forma de saudar uma entidade, batendo palmas à frente dela estamos dizendo que a respeitamos.

Bater palmas é também um ato de louvar e agradecer as entidades espirituais.

Quando queremos agradecer ao Pai Olorum, um Pai ou Mãe Orixá e até mesmo uma entidade espiritual, devemos bater palmas acima de nossa cabeça para que as energias das palmas junto com o seu pensamento possam se locomover com rapidez ao plano espiritual.

Bater palmas também significa parabenizar um ato realizado.

## Atividade Proposta

Junto com o canto escolhido na aula anterior, vamos bater palmas de forma harmônica.

A intenção desta atividade visa treinar a coordenação motora da criança.

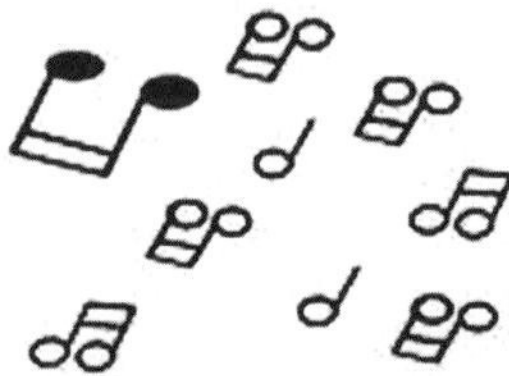

## Atabaques

Atabaque é um instrumento musical que teve sua origem na macumba. Macumba também é um instrumento musical e quem o toca é macumbeiro. Portanto, quem toca atabaque pode ser chamado carinhosamente de macumbeiro.

Popularmente as pessoas usam a palavra macumba para se referir à Umbanda e demais religiões afros. Isso é pura falta de conhecimento, usam também a palavra macumba para designar feitiços, rezas, mandingas, entre outras coisas.

Tanto a Umbanda como as demais religiões afro-brasileiras não reconhecem esse termo como referência ao nome de sua religião.

É chegada a hora de esclarecermos e passarmos essa informação para todos que a desconhecem, pois somente assim seremos respeitados. Na Umbanda, o uso dos atabaques é uma influência do Candomblé, pois quando surgiu a Umbanda não eram utilizados atabaques, somente o canto era realizado.

Quem toca os atabaques no terreiro de Umbanda tem grande responsabilidade, não deve fazer brincadeiras, não deve usar o atabaque como encosto ou apoio. O atabaque é um instrumento sagrado e como tal deve ser respeitado.

O som tirado dos atabaques faz com que as energias se locomovam, auxiliando o trabalho dos sacerdotes. Dilui as energias negativas, cria um campo de proteção no terreiro, impedindo que pensamentos contrários possam adentrar na corrente. O ritmo harmônico faz com que os médiuns soltem os seus corpos e deixem a energia fluir de modo a prosperar os trabalhos, ajudam no desenvolvimento mediúnico.

## Curiosidades

O atabaque é um instrumento cilíndrico de madeira, com aros e parafusos de aço que servem para esticar as peles de animais; é tocado com as mãos ou varetas de madeira, mas na Umbanda é tocado apenas com as mãos.

Na Antiguidade, o atabaque ou tambor era utilizado como meio de comunicação entre os povos de civilizações antigas. Em alguns cultos de nação os atabaques estão distribuídos da seguinte forma:

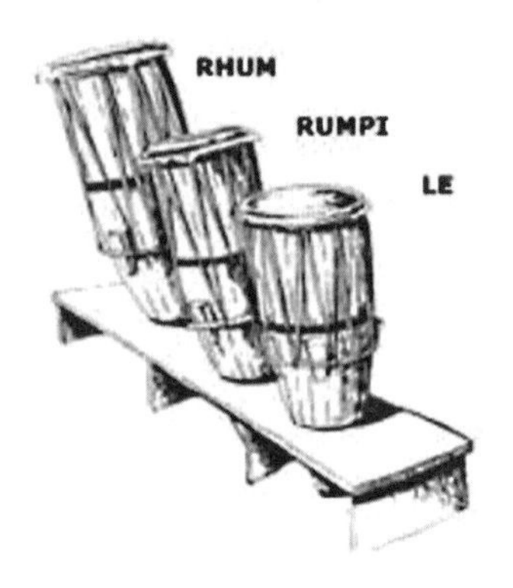


RHUM: emite som grave
RUMPI: emite som médio
LE: emite som agudo.
O ogã chefe da casa deve sempre tocar o RHUM.

### Atividade proposta

Com a ajuda da curimba, as crianças entoarão um canto usando os três fundamentos: **Canto, Palmas e Atabaques**.

Se for possível, estimular as crianças a fazerem uma apresentação no terreiro, pois isso fará com que elas se sintam úteis dentro dele.

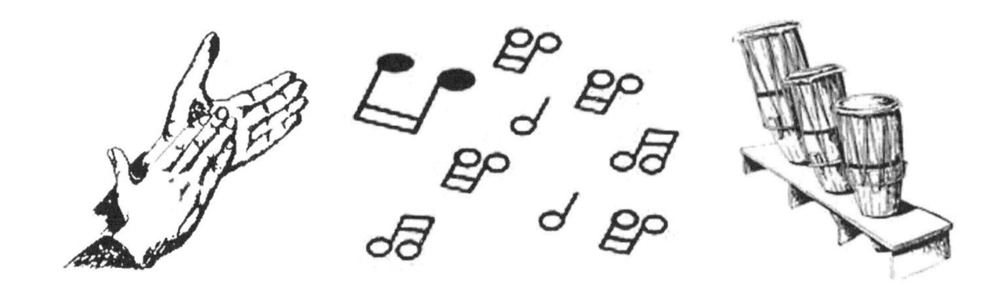

## GUIAS OU COLARES?

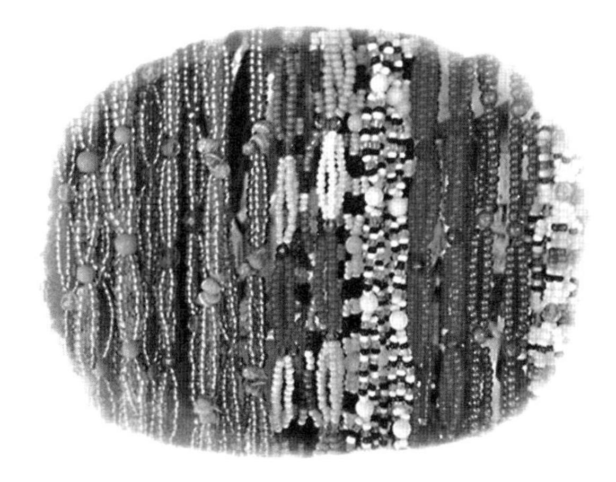

As guias na Umbanda são constituídas de cristais, pedras, porcelana, ossos, sementes, aço, ferro, cobre ou outros elementos naturais. Não devemos usar plástico, pois são isolantes e não concentram ou conduzem energia.

As guias são imantadas ou abençoadas pelos guias espirituais, com essas bênçãos as guias deixam de ser colares ou objetos de adorno (enfeite). Chamamos essa imantação ou bênção de cruzamento, então as guias imantadas ou abençoadas são guias cruzadas.

Concluímos então que uma guia só é uma guia se for cruzada por um guia espiritual, caso contrário será apenas um enfeite.

As guias cruzadas servem como proteção do médium que as usa, servem como para-raios, puxam energias negativas, que iam nos atingir, para si e muitas vezes chegam até a arrebentar, cortando assim essa energia negativa.

As guias também servem para nos aproximar de nossas entidades, Pais e Mães Orixás; para tanto, devemos confeccionar uma guia com a cor ou elemento natural que se refere ao guia ou Pai e Mãe Orixá.

As guias também servem como instrumento de trabalho de uma entidade espiritual, seja caboclo, boiadeiro, preto velho ou outro. Eles as usam na mão, enrolada no braço e até no pescoço, só as tirando quando for necessário.

O tamanho ideal de uma guia é aquela que forma o semicírculo abaixo do umbigo.

Não é necessário usar várias guias para se ter proteção, apenas uma guia cruzada já faz a proteção necessária para o médium que a usa.

Cada casa tem uma cor que representa um Pai ou Mãe Orixá e linhas de trabalho e as cores das guias podem ser:

**OXALÁ** – contas brancas leitosas, cristais brancos (pedras);
**ANJO DE GUARDA** – contas brancas (leitosas);
**OXÓSSI** – contas verdes, pedaços de cipó, sementes secas, penas, dentes;
**XANGÔ** – contas marrons, vermelhas, douradas, roxas, pedras e seixos;
**OGUM** – contas vermelhas, azuis marinhos, prateadas, símbolos de ferro ou aço;
**YEMANJÁ** – contas azuis claras, contas de cristal branco e prateado cristalino, conchas;
**OXUM** – contas cor de rosa, douradas, azuis, amarelas;
**LOGUNAN-TEMPO** – azul-escuro, cristais fumês, brancos, pretos;
**OXUMARÉ** – azul, furta-cor, preto-amarelo;
**IANSÃ** – amarelo, dourado, vermelho;
**EGUNITÁ** – laranja, dourado, vermelho;
**OBÁ** – magenta, dourado, vermelho;
**OBALUAIÊ** – branco, prateado, violeta, preto-vermelho-branco;
**NANÃ** – lilás, roxo;
**OMOLU** – vermelho, preto, branco;
**EXU** – preto, vermelho (mais preto do que vermelho);
**POMBA GIRA** – vermelho, preto (mais vermelho do que preto);
**EXU-MIRIM** – preto e vermelho dividido igualmente;
**CABOCLOS** – contas verdes ou a cor e elementos conforme o caboclo pedir;
**PRETOS VELHOS** – contas de lágrima-de-nossa-senhora ou a cor e elementos que o preto velho pedir;
**BOIADEIROS** – contas da cor ou elementos que o boiadeiro pedir;
**ERÊ** – contas rosas, rosa e azul claro, chupeta, apito;
**MARINHEIROS** – contas brancas e azuis claras, conchas, símbolos de aço de ancora;
**CIGANOS** – contas coloridas e moedas douradas.

**Atividade proposta**

**A intenção desta atividade é treinar a coordenação motora da criança e o respeito às guias.**

**Material:** linha nylon 0,35mm, contas de miçanga rosa.

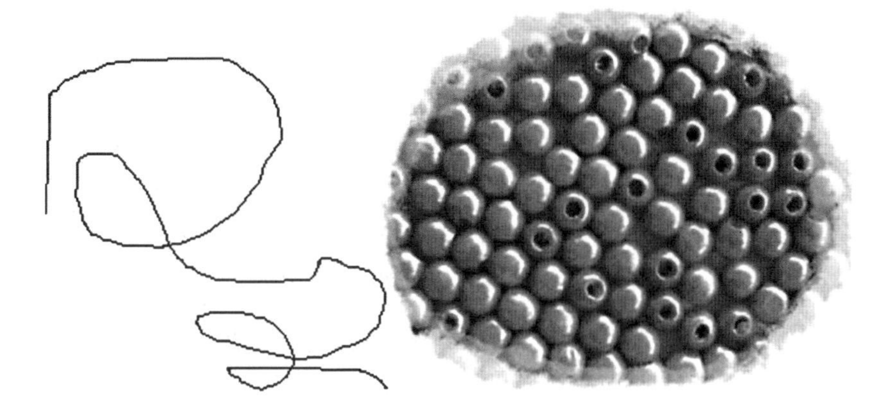

Com contas de miçanga rosa as crianças irão confeccionar uma guia para elas mesmas. Depois de prontas, elas deverão levar ao terreiro onde frequentam para que as entidades da casa possam cruzar a guia para elas.

## TOALHA

A toalha na Umbanda é branca e seu tamanho ideal varia de acordo com a altura do médium.

Se usada no pescoço, suas pontas devem alcançar a linha da cintura. Se usada na cintura, deve ser dobrada ao meio, colocada na cintura e suas pontas juntas devem alcançar a altura dos joelhos.

Em suas pontas podem ser costuradas rendas, em suas extremidades ou no meio delas o ponto da entidade pode ser bordado.

A toalha tem como finalidade:

- Saudar o Orixá (bater cabeça);
- Saudar babalaô, pai/mãe pequenos e entidades de direita;
- Envolver as guias;

- Auxiliar no amparo do médium, quando ocorre a desincorporação;
- Envolver a coroa (cabeça) do médium, após a sua consagração em obrigações.

Os guias espirituais também usam as toalhas como instrumentos de trabalho. Elas são verdadeiros filtros de energias positivas.

Nunca devemos usar nossa toalha de bater cabeça para enxugar nosso rosto ou limpar nossas mãos, nossa toalha é sagrada e deve ser respeitada.

## ROUPAS OU VESTIMENTAS

### Giras de direita

As roupas de um umbandista devem ser **BRANCAS** e **LIMPAS**. Deverá ser usada única e exclusivamente para os trabalhos espirituais do terreiro ou quando saímos para visitar outra casa.

Nossa roupa é uma **vestimenta sagrada**, absorve as energias e vibrações dos guias espirituais e dos Orixás, inundam o corpo e o espírito do médium de Umbanda.

A cor branca representa o interior de Pai Olorum, que é puro, e a paz de pai Orixá, que irradia para toda a Terra.

Também reflete todas as cores de todos os pais e mães Orixás, funciona como um escudo contra certos choques menores de energias opostas, que são dirigidas ao médium.

## Giras de esquerda

Para as giras da "esquerda", muitos terreiros usam calça preta e camisa vermelha, outros continuam com a roupa branca.

A cor preta representa o interior da matéria.

A cor vermelha representa o fogo, a ação e a transformação, o sangue que dá a vida.

A cor branca representa o interior de Pai Olorum que é puro, e a paz de Pai Oxalá, que irradia para toda a Terra.

## Cuidados com a roupa

Devemos lavar nossas roupas logo após o uso, em separado de outras peças de uso comum, pois são sagradas.

## Impacto visual

As roupas devem ser confortáveis e discretas, evitando o uso de roupas justas, decotadas, que podem denegrir a imagem da Umbanda para as pessoas que não a conhecem.

Não é normal irmos a um local religioso e usarmos roupas curtas. Devemos ter em mente que um Terreiro é um **LOCAL SAGRADO**.

Quando saímos em visita a um terreiro ou festa em lugares públicos, devemos redobrar nossos cuidados quanto ao impacto visual das roupas. Afinal, não queremos denegrir a imagem de nossa religião.

# PÉS DESCALÇOS

Por que tirar os sapatos na hora de se entrar num terreiro?

Na realidade, se nós tivermos um sapato todo branco e destinado somente ao terreiro, não precisamos ficar descalços, ficamos descalços somente em ocasiões em que o sacerdote determinar.

Consideramos nosso terreiro um local sagrado, mesmo sem imagens no altar, um lugar imantado, onde as energias irradiadas por

Pai Olorum e os Sagrados Pais e Mães Orixás estão armazenadas ou fixadas em pedras, imagens, ou qualquer elemento que simbolize as vibrações emanadas por Pai Olorum e os Orixás.

Os sapatos que usamos no dia a dia percorrem lugares que podem conter energias negativas, portanto não devemos usar este sapato para os trabalhos espirituais.

Com os pés descalços, absorvemos melhor a energia que provém da terra, do solo sagrado, onde estão assentadas as forças da casa, onde há a manifestação das entidades espirituais.

## Curiosidades

Na Bíblia Cristã, existem passagens que falam dos pés descalços:

> *Quando Moisés teve seu primeiro encontro com Deus, Ele disse para que Moisés tirasse seus sapatos porque ele estava em terra santa.*
>
> *Jesus caminhou descalço para o Calvário. Na cultura daquele tempo, estar descalço era o sinal que você era um escravo. Um escravo não tinha direitos. Jesus nos deu o exemplo supremo de renunciar a tudo por um grande objetivo.*
>
> *(Loren Cunningham, Making Jesus Lord/Marc 8:34,35)*

Comparando essa passagem da Bíblia com os nossos trabalhos, podemos dizer então que:

- Descalços, estamos pisando em solo sagrado;
- Estamos sendo submissos à vontade do Pai;
- Este ato representa humildade.

## Atividade Proposta

### Recreação

Desenhar o contorno dos pés de cada criança em uma folha à parte.

Pedir para as crianças contar a seus pais essa passagem e entregar a folha aos pais.

Nome:________________________________________________
Idade:_________ Data: ____/____/______

## BEBIDAS

As bebidas usadas nos trabalhos espirituais também são um instrumento de trabalho, usado por nossas entidades espirituais.

A cerveja, o vinho, a cachaça, o guaraná, o *whisky* e demais bebidas são de origem vegetal. Vejamos:

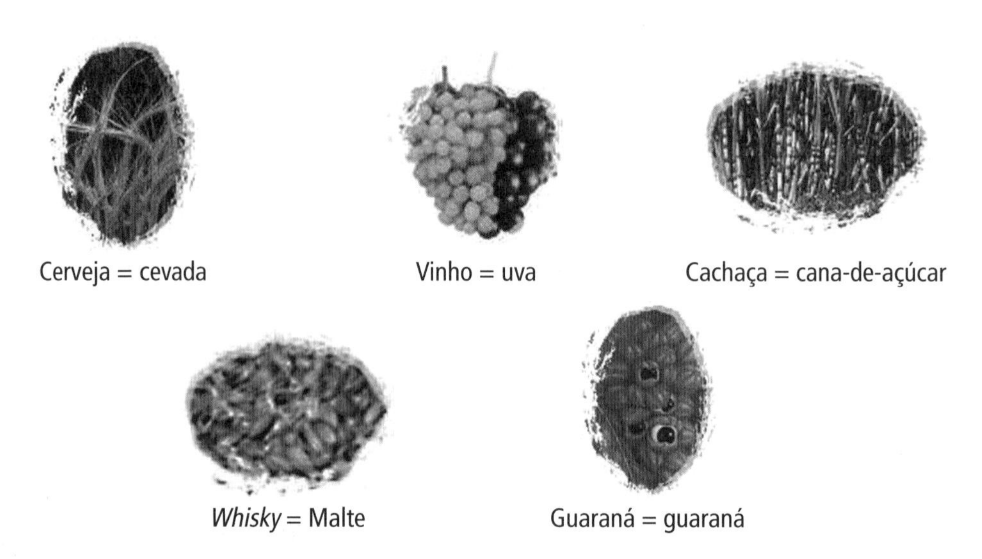

Cerveja = cevada    Vinho = uva    Cachaça = cana-de-açúcar

*Whisky* = Malte    Guaraná = guaraná

Concluindo, se as bebidas são de origem vegetal, podemos dizer que são energia vegetal adicionadas ao álcool, que é inflamável (pega fogo), gerando uma energia ígnea vegetal que as entidades trabalham ao ativar as bebidas.

Percebam que as entidades só tomam pequenos goles, suficientes para trabalhar o corpo e o astral do médium.

Quando as entidades oferecem aos consulentes as bebidas que Eles estão tomando, na verdade eles estão doando energia. Se o consulente não puder ingerir a bebida por algum motivo, ele poderá aproximar o recipiente que contém a bebida para perto de seu rosto, respirar profundamente pelas narinas e soltar lentamente pela boca, que a energia oferecida por uma entidade estará trabalhando também nessa pessoa.

## PEMBA

A pemba é um dos elementos mais usados dentro de um terreiro de Umbanda. É com ela que são riscados os pontos dos guias espirituais, é com ela que são cruzadas as guias, imagens e outros objetos trazidos por consulentes ou pelos próprios médiuns.

A pemba é constituída por uma substância chamada caulim. O caulim é triturado, adiciona-se água suficiente para formar uma papa, molda-se a forma de um kibe e então é colocada para secar (depois de seca fica parecendo um giz grande).

### Curiosidades

O caulim é um minério composto de silicatos hidratados de alumínio, está entre os 6 minerais mais importantes e abundantes da crosta terrestre e apresenta características especiais que permitem sua utilização na fabricação de papel, cerâmica, tintas, etc.

Podemos concluir que a pemba é um mineral, uma pedra! Por sua pureza, a pemba é um dos poucos elementos que pode tocar a cabeça do médium. Podemos dizer que a pemba provém:

- Da terra: pois foi extraída do solo;
- Da água: elemento adicionado ao caulim;
- Do fogo: por ser um minério, foi solidificado através do calor.

**Concluímos então:**

A Pemba, através do seu elemento ígneo (fogo), consome as energias negativas e movimenta as energias psíquicas do médium ou consulente;

Através da água promove a limpeza espiritual da aura;

Pela terra, através de seus minérios, regenera as funções que equilibram o médium ou consulente;

Pelo ar, com o pó de pemba, promove toda a limpeza do lado etérico do terreiro.

**É também com a pemba que os guias espirituais ou o sacerdote riscam seus pontos de firmeza.**

## PONTOS RISCADOS

Um ponto riscado por um guia pode ser:

- De identificação do guia (nessa ocasião, Ele fornece seu nome);
- De firmeza (para sustentar os trabalhos espirituais);

- De descarrego (para purificação de uma pessoa);
- Como símbolo de um terreiro (nesse caso, esse ponto é a representação da casa).

Ponto riscado é um conjunto de símbolos e signos.

- Símbolos: elementos simbólicos, representativos do ponto de força. Exemplo: Flechas, estrelas, triângulo, etc.;
- Signos: são "fragmentos" ou partes de símbolos.

Os pontos riscados podem ser puros (com símbolos de uma mesma raiz) ou mistos (símbolos de duas ou mais raízes).

Os pontos riscados são feitos pelos guias espirituais, pelos sacerdotes ou por médiuns preparados, já detentores de um grau espiritual mais elevado.

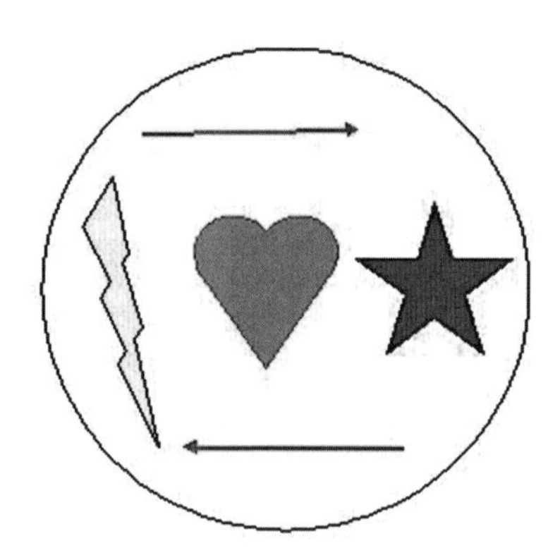

## Atividade Proposta

### Recreação

Cada criança irá fazer um desenho, usando símbolos alusivos aos guias espirituais, Pais e Mães Orixás: espada, arco e flecha, escudo, espelho, cajado, etc.

Nome:________________________________________________
Idade:___________ Data: ____/____/______

## VELAS

As velas são usadas desde a Antiguidade pela maioria das religiões, na Umbanda não é diferente! Usamos as velas para iluminar nossos altares (conga), nossos anjos de guarda, e acendemos velas para fazer pedidos e agradecer por pedidos alcançados.

A vela é uma das chaves de acesso para nos ligarmos ao mundo espiritual, para isto devemos estar intimamente ligados à fé e concentrados.

As velas quando usadas pelos guias espirituais transporta uma energia ígnea, que envolve as energias negativas do consulente ou objeto e consome tudo a sua volta, deixando tudo purificado.

## Atividade Proposta

O doutrinador pegará uma vela branca, a acenderá e a consagrará ao anjo de guarda de todos os presentes, ao som de uma música relaxante, para estimular a concentração e meditação nas crianças.

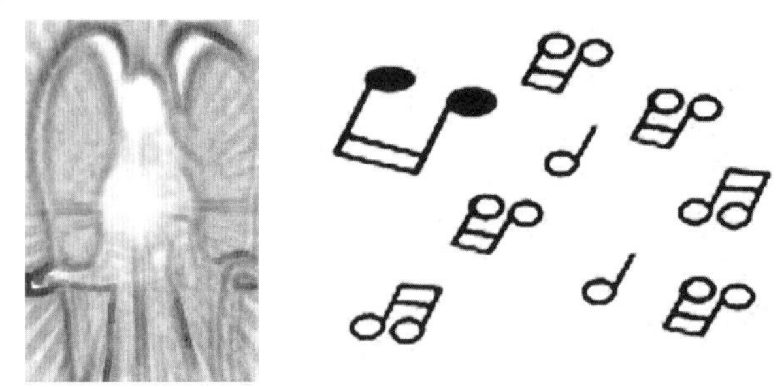

## Atividade Proposta

**Recreação**

Colorir a vela com a cor do Orixá regente da casa que a criança frequenta!

Caso a criança não frequente nenhuma casa, colorir com a cor do Orixá com que ela mais apresentou afinidade!

Nome:________________________________________________________

Idade:__________ Data: ____/____/______

**Atividade Proposta**

Pinte as velas conforme a cor do Orixá.

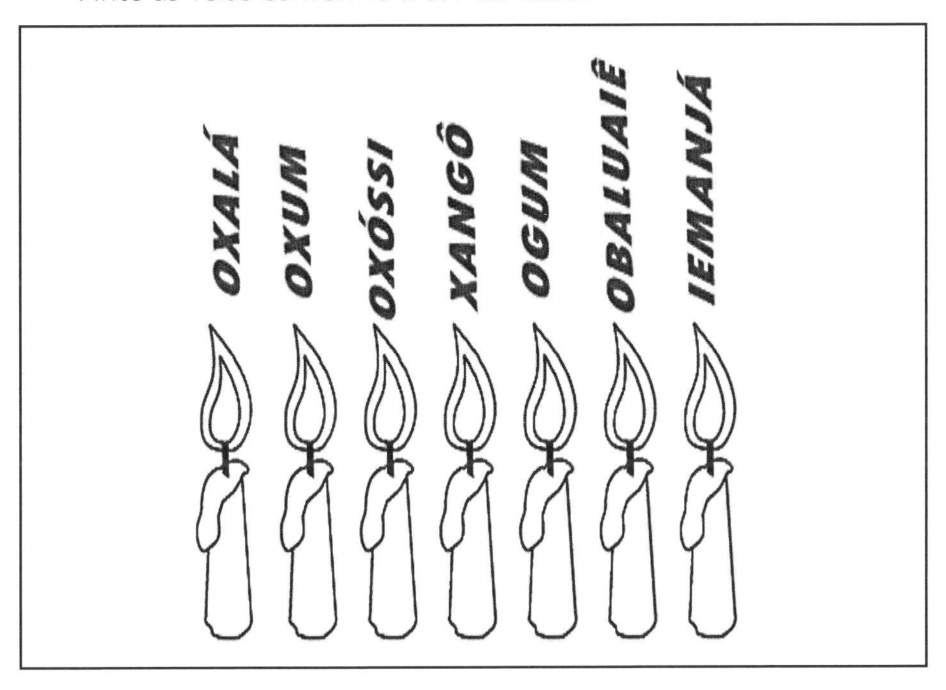


Nome:____________________________________________
Idade:__________ Data: ____/____/______

## ESTALAR DOS DEDOS

Por que as entidades estalam os dedos, quando incorporadas?

Esses estalos podem até parecer algo sem importância, "uma brincadeira", mas não é e há muita importância neste ato.

Os dedos de nossa mãos estão ligados a diversas partes de nosso corpo por onde fluem as energias absorvidas e descarregadas, que são chamadas de chacras.

- **1 – Dedo Polegar:** Chacra Esplênico (região do baço)
- **2 – Indicador:** Chacra Cardíaco (coração)
- **3 – Anular:** Chacra Genésico ou básico (base da espinha)
- **4 – Médio:** Chacra Coronal (alto da cabeça)

- **5 – Mínimo:** Chacra Laríngeo (garganta)
- **6 – Na região quase central da mão:** Chacra Solar (estômago)
- **7 – Próximo ao monte de Vênus:** (região "gordinha" da mão) Chacra Frontal (testa).

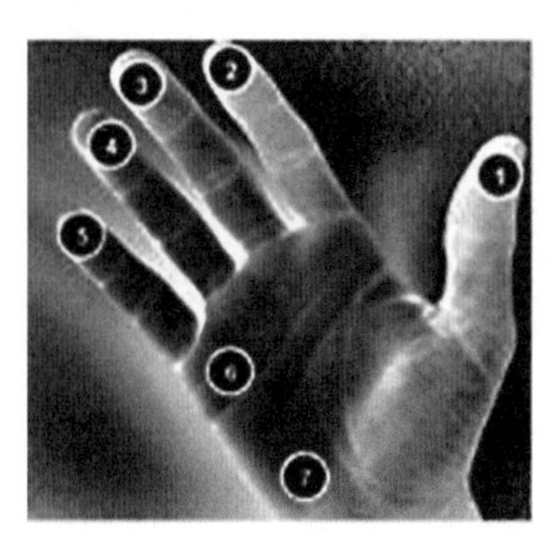

Localizamos apenas alguns dos chacras nas palmas das mãos.

O estalo dos dedos se dá sobre o Monte de Vênus e dentre as inúmeras funções conhecidas pelas entidades está a descarga de energias negativas acumuladas no éterico, no médium, no consulente. Elas ativam faculdades inertes no médium no que se refere à magia e à sua mediunidade.

## Atividade Proposta

Desenhe sua mão direita e depois a esquerda, e pinte a região dos chacras.

Nome:________________________________________________

Idade:__________ Data: ____/____/______

## VERBOS E PENSAMENTOS

Verbos são palavras pronunciadas.

Os verbos e os pensamentos contêm poderes de ação construtiva ou destrutiva.

Se pronunciarmos boas palavras e tivermos bons pensamentos, atrairemos para nós somente coisas boas, por isso os guias espirituais sempre nos aconselham a pensar positivo.

Uma palavra bem dita promove uma ação positiva.

Uma palavra mal dita promove uma ação negativa.

Um pensamento bom atrai coisas boas.

Um pensamento ruim atrai coisas ruins.

Uma palavra boa pode promover uma ação curadora, curar alguém.

Uma palavra ruim pode promover uma ação destrutiva, promover uma doença.

Por isso, devemos pensar e pronunciar somente coisas boas.

**Um mestre disse: "Dize-me com quem tu andas, que te direi quem és".**

**Podemos dizer que a espiritualidade diz: "Dize-me o que tu pensas, que te direi quem atrai."**

### Atividade Proposta

Ligue as palavras ao Orixá

| | |
|---|---|
| PAZ | OBALUAIÊ |
| AMOR | OGUM |
| ORDEM | OXÓSSI |
| JUSTIÇA | XANGÔ |
| GERAÇÃO | OXALÁ |
| EVOLUÇÃO | OXUM |
| CONHECIMENTO | IEMANJÁ |

Nome:______________________________________________

Idade:_________ Data: ____/____/______

## PEDIR A BÊNÇÃO

O pedido de benção: Quando o médium pede a bênção a sua mãe, pai, madrinha ou padrinho, seja material ou espiritual, ele reconhece em quem o abençoa o orientador que o conduzirá dentro da doutrina religiosa. Ao beijar a mão, reconhece que aquelas mãos estão abençoadas pelos Orixás e por Pai Olorum. Ao levar a mão até a própria testa, representa neste ato seu desejo de que aquelas mãos preparadas o conduzam nos serviços de Deus, representando ainda a humildade de que serve para prosseguir em seu aprendizado e iniciação religiosa.

O pedido de bênção é um conjunto seguido pela resposta de quem abençoa:

— Sua bênção Pai...
— Que Pai Olorum o abençoe!

Quem pede a bêenção está sendo humilde!

Quem responde à bênção sempre pede para que uma força superior abençoe a pessoa em seu lugar! Isto significa que quem abençoa reconhece que está abaixo de Pai Olorum, dos Pai e Mães Orixás.

### Atividade Proposta

Entoar um canto ao Pai Oxalá pedindo-Lhe a bênção.

## BRADOS, ILÁS[4] E ASSOBIOS

Um caboclo, quando se manifesta em seu médium, de um modo geral, solta um brado maravilhoso (um grito que chama a atenção de todos nós).

Muitos pensam que estes significam os brados dados durante uma caçada, uma guerra ou até mesmo um meio de comunicação nas matas.

Mas, na realidade, os sons emitidos pelo guias espirituais estão relacionados às forças da natureza: água, fogo, terra e ar. Estes sons, assim como o estalar dos dedos, criam um impulso no corpo astral do médium para direcioná-lo corretamente, a fim de liberá-lo de certas cargas negativas que se agregam em seu astral, tais como larvas astrais.

---

**4** Grito característico e identificador de cada Orixá.

Cada entidade emite um som, de acordo com a força da natureza que ela trabalha ou de acordo com a irradiação do Orixá que ela trabalha.

Os brados, ilás ou assobios facilitam a incorporação dos médiuns e liberam bloqueios nos médiuns em desenvolvimento e nos consulentes.

## O ATO DE BATER A CABEÇA E O SINCRETISMO

Contam que o ato de bater a cabeça nasceu aqui no Brasil na época da escravidão, quando os escravos não podiam cultuar os Orixás da maneira que eles conheciam, ou seja, cultuavam santos católicos no lugar dos Orixás. Não conheciam os santos católicos pelo nome que o chamavam, mas reconheceram suas qualidades nos Orixás.

O babalaô africano indagava ao homem branco:

— Quem é esse homem de braços abertos?

— Esse é Jesus, o maior de todos os homens! Pregou a paz, espalhou o amor e o perdão. (respondeu o homem branco)

Pensativo, o babalaô concluiu:

— Humm, então esse homem foi um pai Oxalá!

Anos mais tarde, a Umbanda adotaria essa forma de sincretizar os Orixás aos Santos Católicos.

Os escravos montavam altares nas senzalas, com os santos católicos, e abaixo deles colocavam otas (pedras), ervas, terra e outros elementos naturais, ou ainda um instrumento que simbolizasse o Orixá.

Quando chegavam nas senzalas se ajoelhavam, estendiam seu corpo no chão e tocavam suavemente a testa no chão, mostrando respeito pela terra que tocam, mostrando humildade ao se abaixar e pedindo a bênção aos Orixás e Pai Olorum.

**Hoje na Umbanda** os elementos que representam as forças dos Orixás e dos guias espirituais continuam abaixo de seus altares, tampados por uma cortina ou possuem um local reservado, longe do alcance dos olhos alheios.

O ato de bater a cabeça significa se prostrar diante de pai Olorum, mostrando respeito pelo solo sagrado em que pisa.

Estendendo a toalha à frente do conga e encostando sua testa no solo, com as mãos espalmadas para cima no mesmo nível da cabeça, significa o pedido de bênção aos seus pais espirituais, dos Orixás regentes da casa e de sua coroa, significa humildade e aceitação à casa que frequenta como condutora de sua vida religiosa e espiritual.

As mãos recebem as bênçãos de Pai Olorum, dos Orixás, dos guias espirituais, responsáveis pela casa e de suas próprias entidades.

## O ATO DE CRUZAR (O SOLO, IMAGENS, GUIAS, ETC.)

Quando cruzamos qualquer objeto, estamos na realidade tornando-o Divino, pois ele armazenará energias do Guia espiritual ou Orixá que o imantou (cruzou).

Quando cruzamos o solo à nossa frente, estamos reverenciando as nossas forças ou as forças da casa, ponto de força na natureza, etc.

O ato de fazer o sinal da cruz tem diversos significados, e entre eles podemos salientar alguns citados por Saraceni:[5]

- Abre o nosso lado sagrado ou interior para, ao rezarmos, nos dirigirmos às divindades e a Deus por meio do lado sagrado ou interno da criação. Essa é a forma da oração silenciosa ou feita em voz baixa. Afinal, quando estamos do lado sagrado e interno dele, não precisamos gritar ou falar alto para sermos ouvidos. Só fala alto ou grita para se fazer ouvir quem se encontra do lado de fora ou profano da criação. Esses são os excluídos ou os que não conhecem os mistérios ocultos da criação e só sabem se dirigir a Deus de forma profana, aos gritos e clamores altíssimos.
- Ao fazermos o sinal da cruz diante das divindades, abrimos o nosso lado sagrado para que não se percam as vibrações divinas que elas nos enviam quando nos aproximamos e ficamos diante delas em postura de respeito e reverência.

---

**5** *Lendas da Criação, A Saga dos Orixás.*

- Ao fazermos o sinal da cruz diante de uma situação perigosa ou de algo sobrenatural e terrível, fechamos as passagens de acesso ao nosso lado interior, evitando que eles entrem em nós e se instalem em nosso espírito e em nossa vida.
- Ao cruzarmos o ar, estamos abrindo uma passagem nele para que, por meio dessa passagem, o nosso lado sagrado envie suas vibrações ao lado sagrado da pessoa à nossa frente, ou ao local que estamos abençoando.
- Ao cruzarmos o solo diante dos pés de alguém, abrimos uma passagem para o lado sagrado dela.
- Ao cruzarmos uma pessoa, abrimos uma passagem nela para que seu lado sagrado exteriorize-se diante dela e passe a protegê-la.
- Ao cruzarmos um objeto, abrimos uma passagem para o interior oculto e sagrado dele para que ele, por meio desse lado, seja um portal sagrado que tanto absorverá vibrações negativas como irradiará vibrações positivas.
- Ao cruzarmos o solo de um santuário, abrimos uma passagem para entrarmos nele por meio do seu lado sagrado e oculto, pois se entrarmos sem cruzá-lo na entrada estaremos entrando nele pelo seu lado profano e exterior.
- Ao cruzarmos algo (uma pessoa, o solo, o ar, etc.) devemos dizer as palavras: "Eu saúdo o seu alto, o seu baixo, a sua direita e a sua esquerda e peço-lhe em nome do meu pai Obaluayê que abra o seu lado sagrado para mim."

## ALTAR OU CONGÁ

Um altar ou um congá é erguido para fins religiosos e através dele podemos praticar nosso Re-Ligare. Nos altares e congás existem flores, pedras, águas, velas, imagens e outros elementos alusivos aos Orixás ou guias espirituais.

Um altar ou um congá ativado com os elementos descritos são a fonte da captação das energias irradiadas de forma vertical para a terra. Elas absorvem e irradiam de forma horizontal para que fiquemos de frente com Pai Olorum, os Pais, as Mães, Orixás e os guias espirituais.

São também a fonte de purificação de quem está de frente para o Altar ou Orixá, e através das orações emitidas absorvem as energias negativas agregadas ao nosso astral, transmutam e as irradiam de volta para nós como energias positivas.

Na umbanda, o ponto mais alto do Orixá ou Altar é de pai Oxalá.

Abaixo temos o Congá do Núcleo Umbandista e de Magia Caboclo Flecha Certeira e Pai Manuel de Arruda.

**Atividade Proposta**

Agora que já sabemos o que é bater a cabeça e cruzar o solo e Orixá, vamos todos nós bater nossas cabeças e pedir as bênçãos de Pai Olorum e dos Orixás.

O doutrinador estenderá uma esteira de palha ou uma toalha de terreiro, para que todos possam bater a cabeça no congá!

Com a ajuda da curimba canta-se um ponto de bater a cabeça:

*Você que é filho de pemba,*

*Você que é filho de Fé*

*Bate a cabeça e pede*

*A Zambi o que quiser...*

(Domínio público)

# CAPÍTULO 9
# EDUCAÇÃO MEDIÚNICA

## O QUE É MEDIUNIDADE?

Mediunidade é o meio de comunicação entre o mundo espiritual e o mundo material.

É através da Mediunidade desenvolvida e praticada que os mensageiros de luz trazem mensagens para todos nós.

Mediunidade é um dom que se manifesta em determinado momento da vida de uma pessoa, seja criança ou adulta.

Mediunidade não torna ninguém escravo.

Mediunidade não torna ninguém poderoso.

Mediunidade é uma chance que nos foi dada generosamente por Pai Olorum para podermos evoluir.

Mediunidade é o meio pelo qual aprendemos com as manifestações dos guias espirituais.

## EXISTEM DIVERSOS TIPOS DE MEDIUNIDADE

- **Manifestação:** é mais conhecida como incorporação, espíritos de luz incorporam em seus médiuns transmitindo ensinamentos e mensagens que visam à evolução humana, mudam o modo de falar, de andar e outros trejeitos.

- **Videntes:** são médiuns que conseguem visualizar o mundo espiritual, enxergam espíritos na forma como se apresentam, sendo comum crianças na infância enxergarem espíritos de luz, algumas até criam a amizade com o amiguinho invisível.
- **Curadores:** são médiuns que através das mãos canalizam uma energia, emanada por espíritos protetores que visam regenerar o espírito do doente.
- **Ouvintes:** são médiuns que ouvem a voz dos espíritos sofredores ou de luz. Quando são espíritos sofredores, ouvem pedidos de ajuda, de socorro, de lamento. Quando são espíritos de luz, ouvem ensinamentos, mensagens de compreensão e outras de caráter que visam ao crescimento do homem.
- **Psicógrafos:** são médiuns que canalizam através da escrita mensagens que os espíritos querem passar, nesse caso a mão do médium escreve sem que ele comande a ação dela.
- **Sensitivos:** são médiuns que percebem através de sensações no corpo físico a presença de espíritos. Pode ser através da alegria, da tristeza, de arrepios, bocejos, sorrisos e outros sentimentos.
- **Intuitivos:** são médiuns que sem ouvir, sentir, psicografar ou ver conseguem receber, através de informações mentais, as mensagens dos espíritos. Por exemplo: você deseja fazer um caminho, mas sem um motivo aparente você decide fazer outro.

Temos muitos outros tipos de mediunidade, mas podemos dizer que essas são as mais conhecidas. A mediunidade de cada pessoa é única! Se bem desenvolvida e praticada com amor, fé, respeito e destinada à caridade, torna o seu praticante um ser em evolução. Somente se nos dedicarmos à caridade e à solidariedade poderemos ser dignos de nos apresentar ao Pai Olorum.

## O QUE É MÉDIUM?

Médium significa ser um mediador entre o plano espiritual e o material. Um homem ou uma mulher, ou até mesmo uma criança "empresta" sua mente, sua voz, ou seja, seu corpo inteiro para que os espíritos possam manifestar sua vontade e transmitir mensagens para a humanidade.

Na Umbanda, os médiuns possuem graus mediúnicos de acordo com a hierarquia de cada casa.

## MÉDIUNS DE UMBANDA

- **Sacerdote ou dirigente espiritual:** Tem como função coordenar a parte material, espiritual e zelar o Orixá, além de cumprir todos os deveres de um Sacerdote perante sua comunidade.
- **Pai ou mãe pequena:** Tem como função auxiliar o sacerdote na parte material e espiritual.
- **Corpo mediúnico:** Tem como função vibrar positivamente para o êxito dos trabalhos e se dividem em médiuns em desenvolvimento e médiuns aptos a transmitir um passe mediúnico. Dividem-se nos cargos:
  - **a) Curimba e tabaqueiros:** Tem como função, através dos cânticos e soar dos atabaques, ajudar o corpo mediúnico a vibrar positivamente auxiliando o sacerdote e cantando os pontos certos na hora certa.
  - **b) Cambone:** Tem como função auxiliar o guia chefe tendo sempre em mãos papel, caneta, charuto, fósforo e velas para quando eles precisarem. Tem a obrigação de estar sempre ao lado do guia chefe ou dos guias que estão camboneando, sempre atento a tudo, tanto na parte material como espiritual, para se necessário relatar ao sacerdote alguma ocorrência.
  - **c) Médiuns tronqueiras ou porteiras:** Têm como função rebater as cargas negativas vindas de fora para dentro do

terreiro; este médium deve estar muito bem preparado e deve ser designado pelo Sacerdote.

**d) Fiscal:** Tem como função auxiliar os assistentes e fiscalizá-los para não haver conversas na assistência, pedindo a eles que se concentrem para receber as bênçãos de Pai Olorum.

Cada casa ou terreiro de Umbanda tem uma metodologia; a descrita acima consiste em uma forma genérica de hierarquia dentro de um terreiro.

É importante salientarmos que a hierarquia existe para haver disciplina, mas todos dentro de uma corrente mediúnica são importantes e têm suas responsabilidades.

### Atividade de Proposta

Colorir à vontade a imagem a seguir:

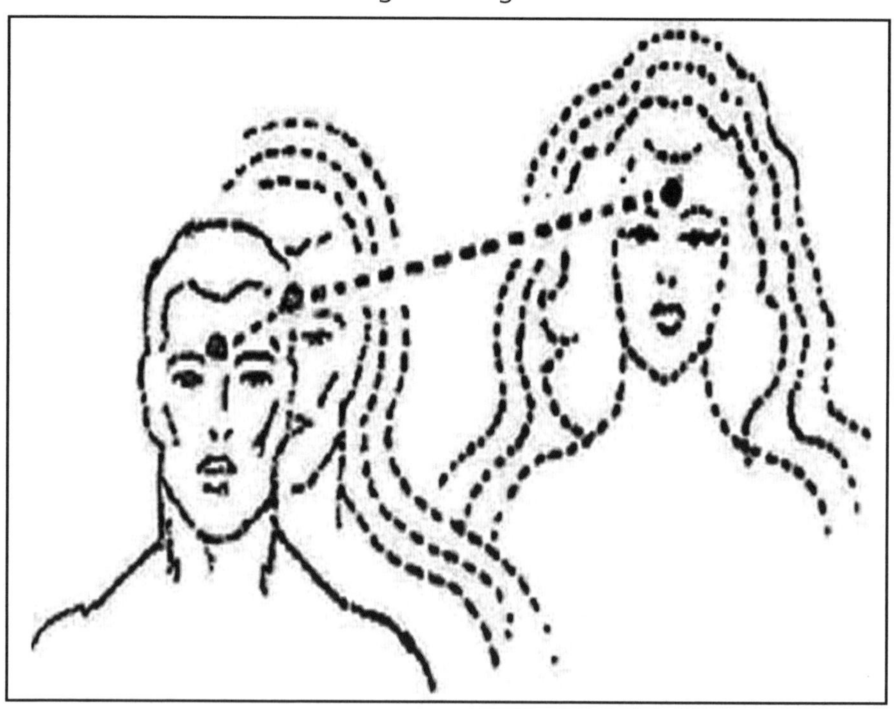

Nome:________________________________________

Idade:__________ Data: ____/____/______

## MECANISMO DA MEDIUNIDADE

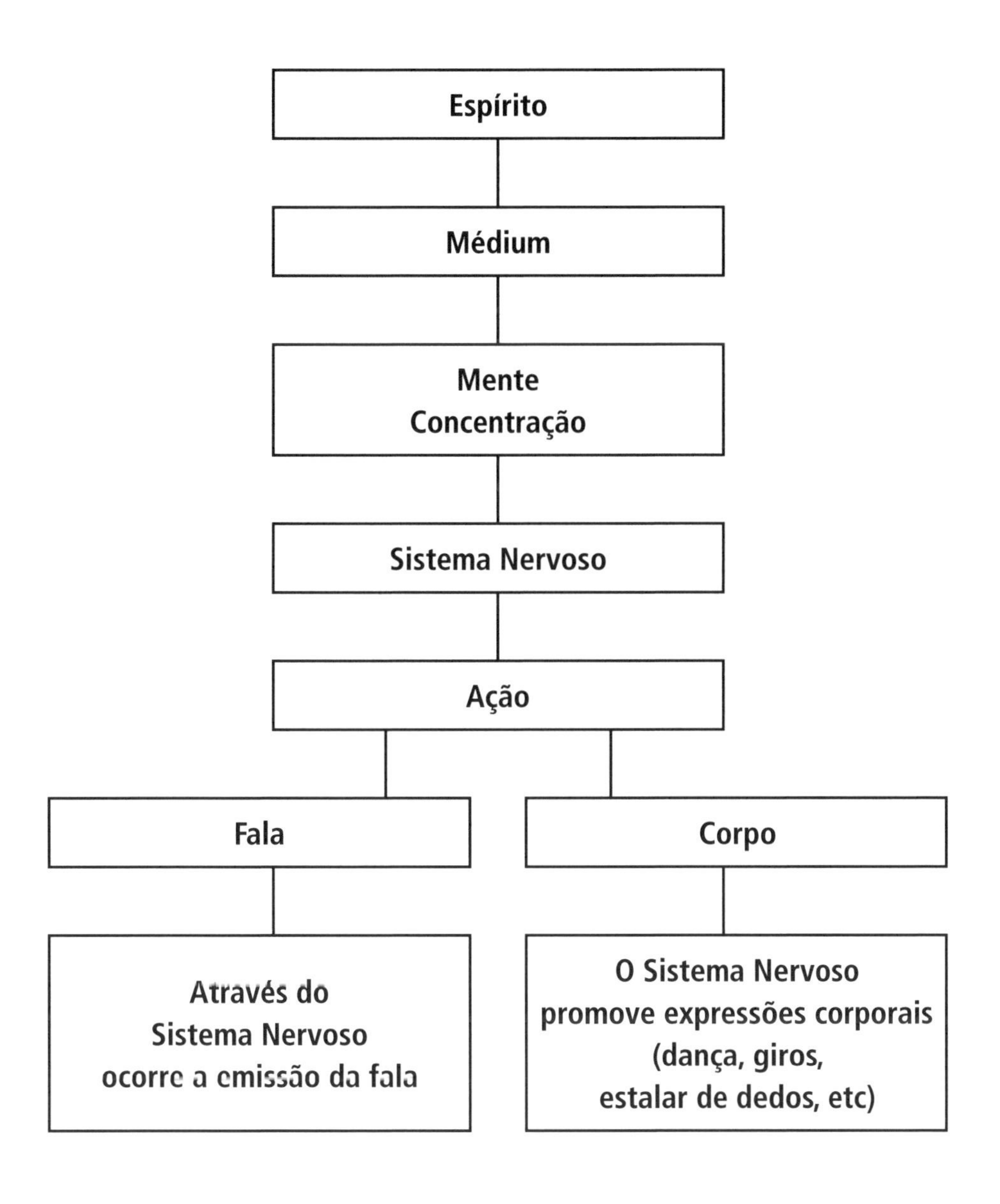

# CAPÍTULO 10
# LINHAS DE TRABALHO

As linhas de trabalho obedecem aos Pais e Mães Orixás, sendo que quando um guia manifesta seu nome está indicando a sua regência:

Por exemplo:

**Caboclo Pena Branca**

- Pena = índio = matas = Oxóssi
- Branca = paz = pureza = Orixá

Logo, o Sr. Caboclo Pena Branca é um caboclo de Orixá na irradiação de Oxóssi.

**Caboclo 7 Flechas**

- 7 = Sete irradiações de Deus (Fé, Amor, Conhecimento, Justiça, Lei, Evolução e Geração)
- Flechas = índios = matas = Oxóssi

Logo, o Sr. Caboclo 7 Flechas é um caboclo de Oxóssi que atua na irradiação de todos os Orixás.

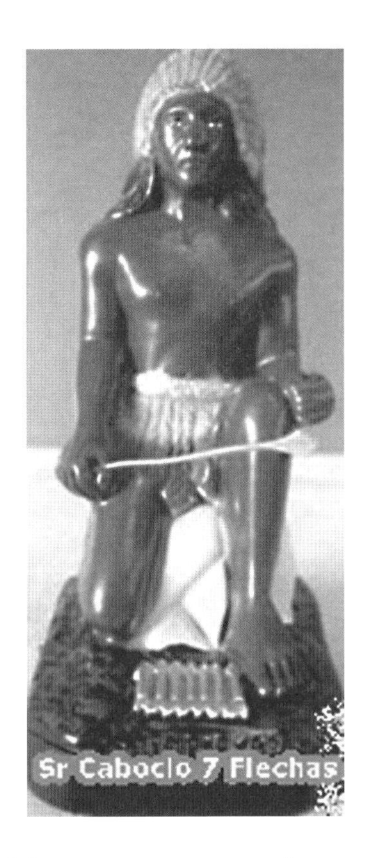


As linhas de trabalho estão divididas em graus, ou seja, quando dizemos caboclo, preto velho, cigano, baiano, boiadeiro, exu, pomba gira, exu-mirim, marinheiro, etc., estamos nos referindo ao grau que esses espíritos possuem.

Espíritos de alta evolução espiritual atraem espíritos que têm afinidade com um determinado Pai Orixá ou Mãe Orixá e seus atributos.

No caso do Sr. Caboclo Pena Branca, podemos dizer que os espíritos que se manifestam com esse nome são espíritos que têm a capacidade de transmitir a FÉ (OXALÁ), através dos campos do conhecimento (OXÓSSI).

## Atividade Proposta

Pinte o cocar. Use a cor de acordo com o nome do Caboclo chefe da casa que trabalha, onde os pais ou as crianças frequentam. O doutrinador deverá auxiliar as crianças interpretando os nomes.

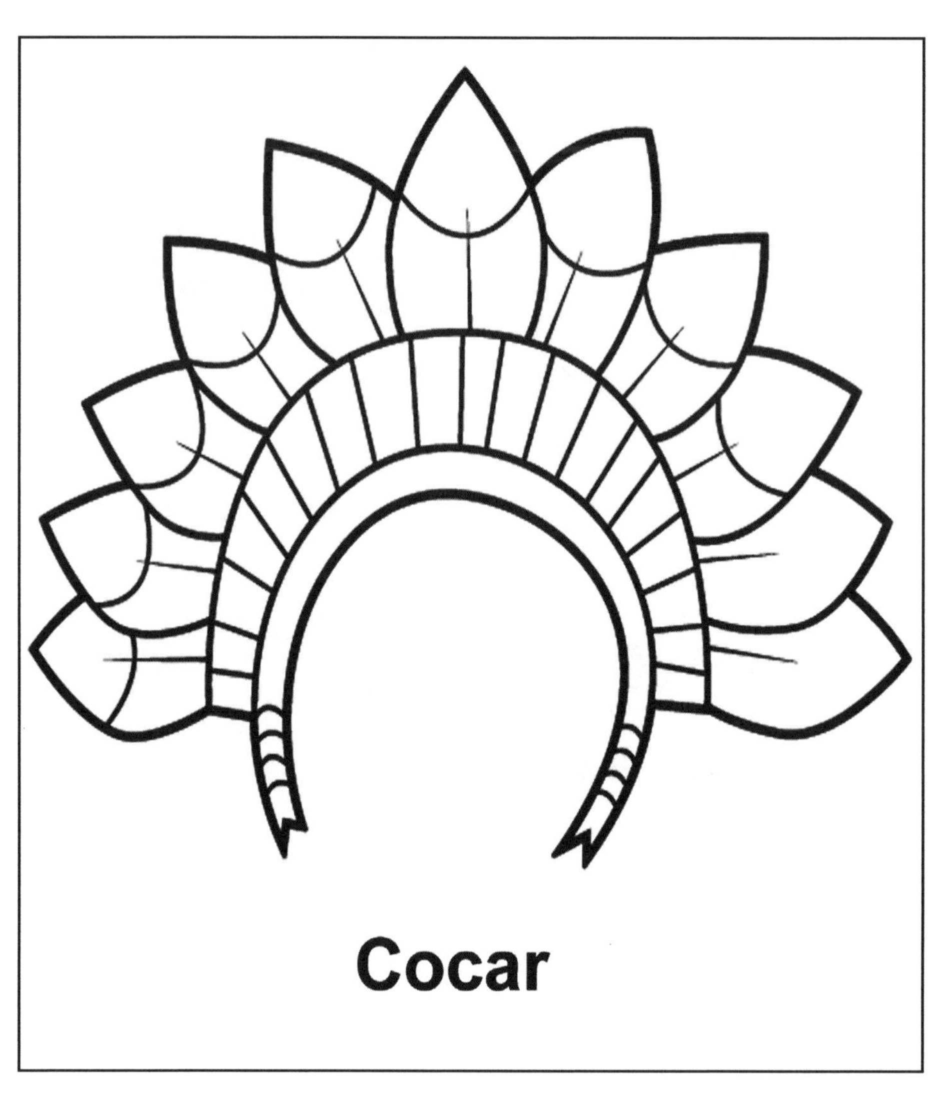


Nome:________________________________________________
Idade:__________ Data: ____/____/______

**CABOCLO**

A linha dos caboclos é regida por Pai Oxóssi. Caboclo é um grau espiritual em que espíritos de luz se manifestam com o arquétipo do índio brasileiro. Esse arquétipo foi dado ao grau caboclo, e são muitos os espíritos que criam afinidade com este arquétipo e se agregam na corrente de Umbanda, manifestando-se em seus médiuns. Este arquétipo é muito forte, pois os índios cultuavam e respeitavam a natureza e tinham em Tupã seu único Deus Criador.

Os índios viviam em harmonia com a natureza, viviam nus e não tinham desrespeito em hipótese alguma uns com os outros. Os índios durante a colonização do Brasil foram praticamente extintos, restando apenas poucas tribos que mantêm até hoje sua cultura.

Caboclo é o braço forte da Umbanda e, com o arquétipo do índio brasileiro, assumiram a simplicidade, a humildade e o respeito que os índios brasileiros tinham em sua sociedade. Existem também espíritos de índios que foram agregados ao grau caboclo, pois somente espíritos humildes, cultuadores da natureza e de uma irmandade sem preconceitos e harmoniosa poderia manifestar-se em seus médiuns para pregar a fé e o amor entre pessoas que muitas vezes só se preocupam consigo mesmas.

Na maioria dos terreiros de Umbanda, a linha dos caboclos é responsável pelos trabalhos dos médiuns e assume a linha de frente dos trabalhos, desenvolvendo seus médiuns, cortando magias negativas, aconselhando seus médiuns e consulentes de forma simples e objetiva.

**Saravá os Caboclos!**

OKÊ CABOCLO = dê seu brado, meu senhor.

Não podemos esquecer que foi um caboclo que nos revelou a Umbanda, trazendo a máxima:

> *Umbanda é a manifestação do espírito para a caridade.*
>
> *Com os que souberem mais aprenderemos, aos que souberem menos ensinaremos e a nenhum renegaremos.*
>
> *Caboclo das 7 Encruzilhadas*

Em nosso logo, os índios são lembrados com muito amor e carinho:

**Atividade Proposta**

1ª etapa

**Caracterização das crianças**

Serão entregues às crianças instrumentos para criação:

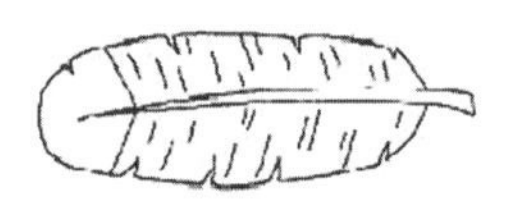

- Penas: adquirir penas coloridas no mercado

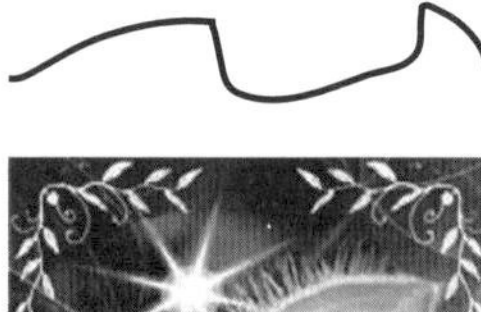

- Barbante: para amarrar as penas na frente da cabeça

- As crianças serão pintadas com urucum.

2ª etapa
**Dança dos Caboclos**

Com a ajuda da curimba, entoar o ponto do guia chefe casa e, como na dança de Pai Oxóssi, ensinar as crianças a dançar para os caboclos.

- Quando atira flechas para frente, é porque está em busca do conhecimento que leva à evolução e ao encontro com o Criador.
- Gira para esquerda e atira flechas em busca de energias negativas que desvirtuam nossa evolução e nosso encontro com Pai Olorum.
- Gira para direita e atira flechas em busca de energias que nos são afins, e que as perdemos por algum motivo.

## PRETO VELHO

A linha dos pretos velhos é regida por Pai Obaluaiê. Quem nunca se ajoelhou perto de um preto velho e sentiu a sua tranquilidade, paciência, amor e sabedoria?

Os pretos velhos também são um grau espiritual, em que os espíritos de luz se manifestam com o arquétipo dos negros escravos trazidos da África. Lembram os babalaôs africanos, os feiticeiros, os benzedores, os encantadores que, através de suas rezas com ervas, água, terra, fogo e o ar, realizavam verdadeiros milagres.

Trabalham sentados e encurvados simbolizando os anciões, mas não significa que estão cansados, essa postura significa a paciência e a tranquilidade para evoluir. A figura do vovô ou da vovó ganhou a simpatia de milhões de pessoas, transmitindo confiança e amor.

Na figura do preto velho que foi arrancado de suas terras, escravizado, humilhado e surrado, a Umbanda mostra o verdadeiro significado da palavra perdão. Pois esses espíritos se manifestam em seus médiuns com amor e trazem mensagens de confiança, de fé e de esclarecimento para todas as classes sociais e todas as raças, demonstrando assim a humildade, a caridade e a igualdade entre os homens.

Espíritos de luz de várias religiões antigas assumiram o arquétipo dos negros escravos se identificando com a mensagem trazida por esses espíritos; sendo assim, nem todo preto velho é negro e velho.

## Curiosidades

A segunda entidade a se manifestar em Zélio de Moraes foi Pai Antônio, abrindo assim a linha de trabalho dos pretos velhos.

***Saravá os Pretos Velhos!***
***ADOREI AS ALMAS!***

## Atividade Proposta

A intenção desta atividade visa desenvolver a coordenação motora da criança.

**Material:** linha de nylon 0,35mm; contas de lágrima-de-nossa--senhora.

Confecção de um rosário de preto velho para a própria criança ou para ela presentear alguém.

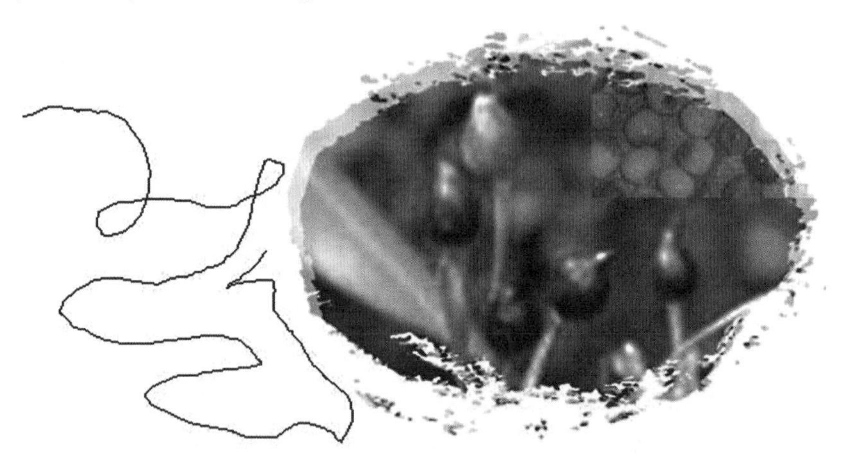

Depois de pronta, elas deverão levar ao terreiro onde frequentam para que as entidades da casa possam cruzar o rosário para elas.

## CIGANOS

Como o Sr. Caboclo das 7 Encruzilhadas nos disse:

> *Com os que souberem mais aprenderemos, aos que souberem menos ensinaremos e a nenhum renegaremos.*

A nenhum renegaremos... Por ser uma verdade, jamais poderemos duvidar das linhas de Umbanda que nascem e surgem para efetuar os trabalhos caritativos. Precisamos, sim, fundamentar a existência dessa linha, aprender o que ela representa e escutar a mensagem que nos envia com o coração aberto.

Com a corrente dos Ciganos não é diferente, é uma linha ainda em expansão e está ganhando espaço dentro dos terreiros de Umbanda. Trazem consigo seus próprios rituais que adaptaram à Umbanda. Aceitaram a doutrina umbandista como meio de evolução e trabalham seus consulentes, espalhando a sua alegria com suas danças. Ensinam a solidariedade através do respeito que possuem pelos alimentos, repartindo entre o seu povo e também entre os que não pertencem a eles.

Os ciganos apresentam-se alegres, gostam de roupas coloridas, mas aceitam o branco da Umbanda sem nenhum problema, têm em Santa Sara Kaly sua protetora. Os Orixás que regem esta linha estão ligados ao tempo e ao fogo.

Assim como em todas as linhas de Umbanda, cada cigano ou cigana pertence a uma irradiação de um Pai e Mãe Orixá, pois trazem a paz de Oxalá, a sabedoria de Nanã, o conhecimento de Oxóssi, os caminhos de Ogum e assim por diante com todos os Orixás.

Adoram uma fogueira, dançam à sua volta louvando o fogo e o tempo, adoram frutas e pão e bebem uma bebida à base de vinho com frutas.

A seguir, uma mesa de alimentos ofertada ao povo cigano.

## Atividade Proposta

Os ciganos fazem suas danças em volta de uma fogueira. Vamos colorir a fogueira dos ciganos.

Nome:________________________________________________

Idade:__________ Data: ____/____/______

**Atividade Proposta**

Vamos fazer como o povo cigano, demonstrando a solidariedade entre nós, vamos repartir o nosso alimento.

O doutrinador terá em mãos fatias de pão sírio ou frutas e suco de uva; sentados em circulo, todos dividirao os alimentos existentes.

## BAIANOS

A linha dos baianos é regida por Mãe Iansã. Na linha dos baianos podemos encontrar espíritos que quando encarnados foram cultuadores dos Orixás na Terra, na própria Bahia e em todo o nordeste brasileiro.

Esta linha dos baianos representa toda uma sociedade que cultuava os Orixás de forma anônima, mas não temia as represálias que lhes eram cometidas, amavam os Orixás, se consideravam seus servos e continuaram sendo após o seu desencarne.

Se apresentam como baianos de Pai Oxóssi, de Pai Ogum, de Pai Oxalá e de outros Pais e Mães Orixás.

Os baianos costumam falar de forma bem regionalista, com sotaque bem arrastado, mas isso não quer dizer que todos os baianos que trabalham na Umbanda foram baianos aqui na Terra. Mas sim que ganharam permissão de Pai Olorum para trabalhar nessa linha, pois encontraram aí um meio de evoluir.

Esses queridos trabalhadores nos trazem a alegria e a tranquilidade da Bahia. São espíritos que gostam de dançar e trabalham usando bem as figuras que lembram as imagens da Bahia, como os cocos, o xaxado, farofas, carne-seca, etc.

Os baianos gostam de contar histórias e quando necessário também nos falam de forma dura e séria para passar ensinamentos e conselhos. São comedidos e tranquilos.

***Saravá os Baianos!***
***É PRA BAHIA MEU PAI!***

***Sarava os Baianos!***
***AUÊ SEU BAIANO!***

### Atualidade

Por falar em baiano...

Vocês sabem o que é preconceito?

Preconceito é quando temos um conceito, uma ideia antecipada sobre alguma coisa ou alguém. Em nosso país existe muito preconceito contra os nordestinos de maneira geral. Existe um preconceito negativo de que os baianos são preguiçosos e não gostam de trabalhar. E a linha dos baianos na Umbanda vem para nos provar o contrário.

Não devemos ter preconceitos. Os baianos trabalham nos terreiros para nos ajudar e em nossa sociedade devemos tratar a todos como filhos de Pai Olurum, sem nenhum tipo de conceito antecipado de que nordestinos não gostam de trabalhar ou simplesmente desrespeitando-os por serem diferentes de nós. Respeito a todos os nossos semelhantes, é o que Pai Olorum espera de nós. Vamos tratar todos como nossos irmãos, respeitando as diferenças e ajudando-nos uns aos outros. Somos todos filhos de Pai Olorum, unidos aqui na Terra para evoluir e nos tornarmos pessoas melhores.

Vamos respeitar as diferenças?

## Atividade proposta

A atividade começará com a seguinte pergunta: As pessoas deveriam ser todas iguais? Por quê?

**Dinâmica das flores:** leve flores de diferentes cores e formas para os alunos e deixe que cada aluno escolha uma. Depois, pergunte o que chamou a atenção deles para escolher aquela flor. Peça-lhes que percebam as diferentes cores, o perfume, a textura, as diferentes formas...

Chame sua atenção para o fato de as flores serem diferentes e nem por isso menos belas e apreciadas. Depois, peça que olhem uns para os outros. Assim como as flores, cada um é diferente, mas não menos importante.

Muitas coisas variam: cor e tipo de cabelo, formato e cor dos olhos, tamanho do nariz, altura, cor da pele, altura, sotaque, etc.

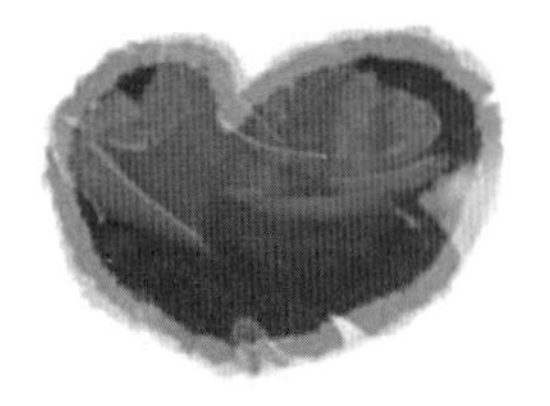   

**Fonte:** www.educacional.com.br/projetos/.../ensino14.asp –

## Atividade proposta

Agora que já entendemos que somos todos iguais diante de Pai Olorum, porém diferentes, vamos dar cor às belezas da Bahia e seus baianos?

**Sugestão:** fazer bolinhas com papel crepom marrom e entregar para as crianças colarem no lugar dos cocos.

Nome:____________________________________________

Idade:__________ Data: ____/____/______

## BOIADEIROS

A linha dos boiadeiros é regida por Orixás ligados ao tempo e aos caminhos de Pai Ogum. Acreditamos ser uma linha transitória, em que os espíritos que buscavam evolução na esquerda, trabalhando na irradiação do Sr. Exu, ganharam, por mérito, a permissão de trabalhar na direita, na linha dos boiadeiros.

Os espíritos que se manifestam na Umbanda na linha dos boiadeiros são verdadeiros combatentes do mal, combatem sem medo todas as investidas do baixo astral.

Os boiadeiros apresentam-se de forma bem característica, são fortes e trazem consigo a imagem dos tocadores de boiadas no trabalho com o gado. Transmitem-nos a imagem de homens fortes e valentes, de trabalhadores de fazendas na lida com cavalos e com o gado.

Os boiadeiros representam a liberdade e a determinação que existe nos homens do campo. Seus instrumentos de trabalho são o chicote e o laço – o chicote serve para punir os espíritos que fogem dos desígnios de pai Olorum e o laço serve para buscar os espíritos que fogem da lei de Pai Olorum.

A seguir segue pesquisa sobre esta linha:

- Cavalos – filhos de fé.
- Boi – espírito acomodado.
- Boiada – grande grupo de espíritos desgarrados, reunidos por eles e reconduzidos lentamente às suas sendas evolutivas.
- Laçar – recolher à força os espíritos rebelados.
- Atolados – espíritos que afundaram nos lamaçais e regiões astrais pantanosas.
- Açoitados pelos temporais – eguns caídos nos domínios de Iansã e do tempo.
- Açoite ou chicote – instrumento mágico de Iansã, feito de crina ou de rabo de cavalo.
- Laço – instrumento do tempo e tem a ver com as ondas espiraladas de Iansã.
- Bois afogados em rios – espíritos caídos nas águas profundas das paixões humanas...

- Bois atolados em lamaçais – espíritos caídos nos domínios de Nanã Buruquê. (Rubens Saraceni. *Os Arquétipos da Umbanda*. Ed. Madras)

***Saravá os Boiadeiros!***
***JETUÁ SEU BOIADEIRO!***

***Saravá os Boiadeiros!***
***AUÊ SEU BOIADEIRO!***

## Atividade Proposta

Pesquise figuras de homens do campo trabalhando com o gado e suas ferramentas, imagens de fazendas, gado. Pesquisar fotos em revistas.

Com a ajuda do doutrinador, as crianças recortarão essas figuras e a partir daí colar as figuras encontradas em uma cartolina grande, montando um painel sobre os Boiadeiros.

Cada criança então explicará com suas próprias palavras as imagens montadas no painel.

## MARINHEIROS

A linha dos marinheiros é regida por Mãe Iemanjá.

Ela é mais uma linha de Umbanda que está a serviço da caridade. Espíritos de marujos, piratas, desbravadores dos mares, encontraram nessa linha o meio de continuar a trabalhar e evoluir. Sua vibração é aquática e quando manifestados em seus médiuns permanecem com essa vibração.

Ficam andando para frente e para trás, para os olhos desatentos parecem estar embriagados, mas estão manifestando o equilíbrio do tombadilho de um navio onde as ondas do mar fazem o barco balançar.

No vai e vem das ondas do mar está a sua dança e a partir daí realizam trabalhos de desobssessão, corte de magias negativas, cura e energização. Apresentam-se como verdadeiros amigos, são extrovertidos, adoram brincar com seus consulentes, deixando-os bem à vontade, assim conseguem penetrar em seus bloqueios naturais.

Usam o rum (bebida) para equilibrar seu magnetismo aquático e conseguirem ficar parados na hora do atendimento.

Na linha dos Marinheiros, os terreiros de Umbanda encontram a energia curadora do mar, onde Mãe Iemanjá e Pai Omulu regem a kalunga grande (cemitério).

***Saravá os Marinheiros!***
***AUÊ SEU MARINHEIRO!***

## Atividade Proposta

### Dinâmica do João bobo

Formam-se pequenos grupos de 8-10 pessoas. Todos devem estar bem próximos, ombro a ombro, em um círculo. Escolhem uma pessoa para ir ao centro. Esta pessoa deve fechar os olhos (com uma venda ou simplesmente fechar), deve ficar com o corpo totalmente rígido, como se tivesse hipnotizada. As mãos ao longo do corpo tocando as coxas lateralmente, pés para a frente, tronco reto. Todo o corpo fazendo uma linha reta com a cabeça.

Ao sinal, o participante do centro deve soltar seu corpo completamente, de maneira que confie nos outros participantes. Estes, porém devem com as palmas das mãos empurrar o "João bobo" de volta para o centro. Como o corpo vai estar reto e tenso, sempre perderá o equilíbrio e penderá para um lado. O movimento é repetido por alguns segundos e todos devem participar uma vez no centro.

**Fonte:** http://www.anjosdavida.org.br/dinamicas/joaobobo.html

Essa atividade visa despertar a confiança nas crianças, entender que na corrente mediúnica todos dependem de todos e, assim como na manifestação dos Marinheiros, que seus médiuns confiam em suas entidades para não caírem, devemos também confiar em nossos irmãos de fé.

## Atividade Proposta

Com papel crepom azul claro vamos montar o mar, com algodão as ondas do mar e com papel branco faremos dobradura do barco.

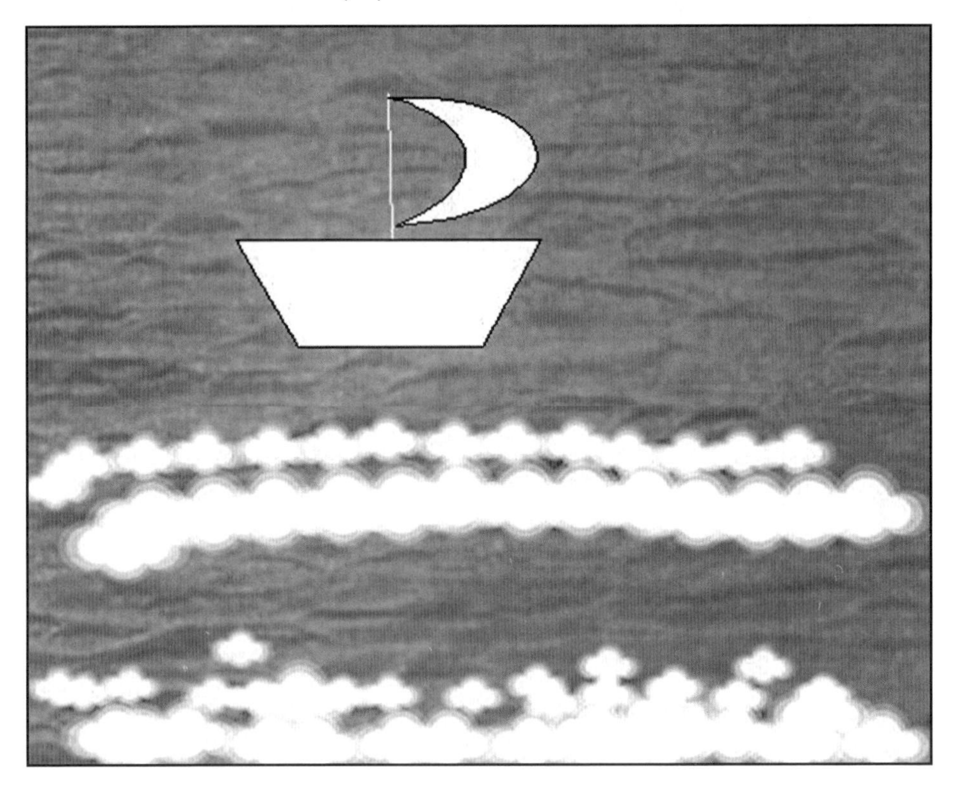

## ERÊS

Esta é a linha dos Erês ou linha das crianças. Ela é regida pelos gêmeos Ibeji e por Oxumarê, que é o Arco-Íris divino.

Ibeji como palavra significa gêmeos e na mitologia yorubá Ibeji são os gêmeos africanos, duas entidades distintas que coexistem numa só, representando o princípio básico da dualidade. Para os africanos, as crianças são muito respeitadas, pois representam a continuidade do ser.

Oxumarê é em si o Arco-Íris Divino, o todo colorido! Nos enfeites de bexigas nas festas de crianças, o colorido é predominante, formando um arco-íris em que a renovação do ser é presente.

Os erês são espíritos elementais da natureza que são enviados por todos os Orixás para a Umbanda, e representam os elementos básicos da criação: ar, fogo, terra e água. Se forem do fogo irritam-se facilmente, se são das águas são extremamente carinhosos e amorosos, se são do ar são alegres e brincalhões, se são da terra são firmes ao falar, calmos e tranquilos.

A linha das crianças desperta em seu médium a inocência de uma criança, age em sua mente, mostrando o mundo de uma forma completamente diferente. Despertam nos médiuns vontades infantis, renovando-os, trazendo-os de volta à tenra infância.

Usam doces e refrigerantes como instrumento de trabalho e se deliciam com essas guloseimas. Como encantados da natureza conhecem procedimentos de magia fantásticos, capazes de realizar a cura espiritual de seus consulentes. Por serem puros, atuam em seus consulentes, devolvendo-os a **vontade de sorrir**, através da alegria devolvem para muitos a vontade de viver.

Muitos encarnaram para aprender o que é ser humano! Ser filho, ter pai, mãe, irmãos e conhecer o lado humano da vida. Quando isso acontece, desencarnam ainda na idade infantil para não perder a sua essência. Voltam ao mundo encantado da natureza e relatam a sua experiência a seus irmãos elementais.

Depois podem escolher atuar na linha do erês ou entrar no ciclo da reencarnação.

Enfim são alegres e gostam muito de brincar e de ver seus médiuns e consulentes **sorrindo** para a vida.

A seguir, algumas frases sobre o sorriso:

> *Ainda que haja noite no coração, vale a pena sorrir para que haja estrelas na escuridão.*
>
> *Arnaldo Alvaro Padovani*

> *Um dia sem rir é um dia desperdiçado.*
>
> *Charles Chaplin*

> *A sorrir eu pretendo levar a vida... pois chorando eu vi a mocidade perdida.*
>
> *Cartola*

## Atividade Proposta

Nesta atividade, propomos trazer ao participante a alegria de viver e a inocência do Erê; para isso, faremos brincadeiras antigas e infantis, como ciranda e cabra-cega. Utilizaremos também cantigas há muito trazidas por nossos ancestrais e até hoje passadas de pai para filho nas famílias.

**Canções sugeridas:**
Ciranda-Cirandinha
Samba-lelê
Atirei o Pau no Gato
O tra-la-la-laô
Se esta rua fosse minha
Teresinha de Jesus
O sapo não lava o pé
Fui no tororó
Fui morar numa casinha
Cai cai balão
O Cravo brigou com a Rosa
Boi da cara preta
Batatinha quando nasce

**Brincadeiras sugeridas:**
Ciranda
Cabra-Cega
Passa Anel
Adoleta
Pula corda
Colocar rabo no burro

# CONSIDERAÇÕES FINAIS

Este trabalho é uma tentativa de organizar o ensino da Umbanda.

Nosso objetivo é que os adultos tenham a base teórica fundamentada para o ensino da religião.

Caberá aos doutrinadores adaptarem esta obra à realidade de suas casas e à faixa etária das crianças.

**Núcleo Umbandista e de Magia**
**Caboclo Flecha Certeira e Pai Manuel de Arruda**

Rua Dr. Victor Eugênio do Sacramento, 260
Jabaquara – São Paulo – SP
Telefone: 11-5012-0926

*E-mail*: axemirim@paiflechacerteira.com.br

# SITIOGRAFIA E BIBLIOGRAFIA

http://evangelizacao-infantil.blogspot.com/2009/06/aula-medium-e--mediunidade.html

http://www.smartkids.com.br/desenhos-para-colorir/dia-do-indio.html

http://www.imagensbahia.com.br/CATALOGO/detalhe.php?pro_id=411&cat_pai=3

http://www.desenhosdownload.com/2008_10_01_archive.html

http://desenhocolorir.net/blog/2008/12/12/desenho-para-pintar--paisagem-desenho-com-montanhas-mar-e-mais/

http://dicadebruxa.blogspot.com/2008/12/oxal-regente-de-2009--senhor-sol-da.html

http://www.wikipedia.org

***Clip art* do Windows Office 2007**

SARACENI, Rubens. **Os Arquétipos da Umbanda**. São Paulo: Madras, 2007.

________. **Teologia e Doutrina de Umbanda**. São Paulo: Madras, 2003.

________. **Gênese Divina de Umbanda Sagrada**. São Paulo: Madras, 2005.

________. **Lendas da Criação, A Saga dos Orixás**. São Paulo: Madras, 2005.

VIEIRA, Lurdes de Campos [Coord.] & SARACENI, Rubens [Sup.]. **Manual Doutrinário, Ritualístico e Comportamental Umbandista.** São Paulo: Madras, 2005.